erleben, ist ungefähr
das Glück vorstellen.

Schnurre · Die Katze und ihr Mensch

Felizitas
Schnurre

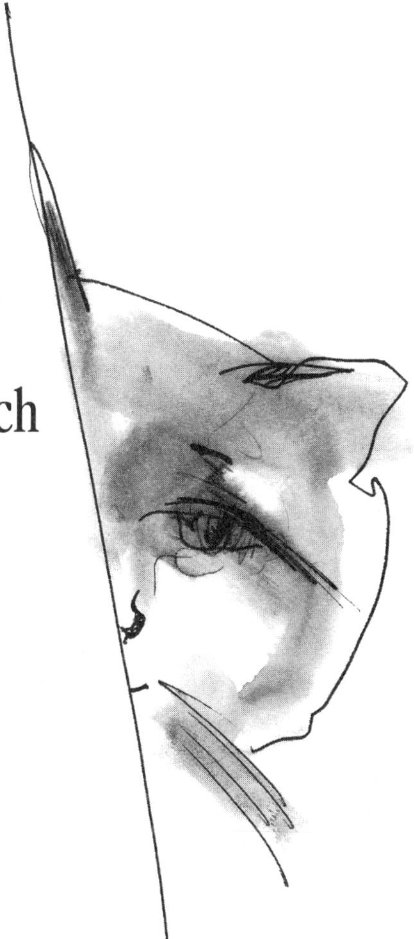

Die Katze
und
ihr Mensch

Wie man
Zweibeiner
erzieht

Mosaik Verlag

Für Mingo
und Maunzi, die Katzenwonne,
für Phil und Bauz,
Für Pine und Rumpel
und all die anderen, unvergessen

Inhalt

Das Katzengeheimnis

WIE MAN MIT MENSCHEN LEBEN KANN,

OHNE AN DEREN MÜHSAL

TEILZUHABEN

Der Begriff Miezhaus beschreibt es gut: Unter nahezu jedem Dach in Deutschland – was sage ich, unter allen Dächern der Welt – haben Menschen bei Katzen Anschluß, Zuflucht, ja ein Heim gefunden. Hier dürfen sie uns aufwarten, uns das Leben abwechslungsreich und, alles in allem, angenehm gestalten.

Und immer mehr Katzen halten sich Zweibeiner, seien diese nun Einzelmenschen, jung oder alt, Männchen, Weibchen oder gleich ganze Familien mit Kindern. Denn merke: Die Katze ist Balsam für des Menschen Seele, wie der große Katzenvorsitzende Miao Tsetung schon wußte.

Hundert Millionen Katzen leben auf der Erde, wer hat sie gezählet, und jede einzelne von uns ist eine eigene Persönlichkeit. Von wegen: Kennste eine Katze, kennste alle – ist ja noch nicht mal beim Menschen so.

Was kann man nicht alles über uns lesen, tausend Bücher und mehr, Zeitschriften, sogar Kochbücher für Katzen wurden verlegt – alles Geschnall, denn kaum eine Veröffentlichung ist darunter, die von einer Katze stammt.

Wenn ich mich hier herablasse, dem Leser – wobei ich durchaus an intelligentere Menschen denke – ein paar grundlegende Wahrheiten mitzuteilen, so, um mich an das Problem anzuschleichen und es dann – zack – zu packen und damit zu spielen, es hin und her zu werfen und es auf diese Weise nach und nach zu lösen. Getreu des Dichters schönem Satz: Wenn ich mich mit meiner Katze ergötze, wer will sagen, ob ich ihr die Zeit besser vertreibe oder sie mir?

Dabei wollen wir, bitte, die Zeit doch nicht vertreiben – im Gegenteil, wir wollen sie festhalten, hegen und pflegen. Katzen hassen Leute, die sich keine Zeit nehmen, die herumhetzen, fortwährend

aufstehen und durch die Gegend rasen, dies und das unternehmen – aktiv sind wir selber, zuweilen. Vor allem brauchen wir Ruhe und Frieden. Zeit eben. Der Mensch etwa nicht? Wenn die Katze also kommt, bitte Platz nehmen, Schoß bereithalten für ein schnurrgemütliches Lager. Kraulen erlaubt, aber das ist dem Menschen in bezug auf Katzen ohnehin angeboren. Kuschelmenschen, jaja!

Hunde dagegen tun immer was, schnüffeln herum, sie wetzen straßauf, straßab, sie setzen sich auf Befehl, hetzen Stöckchen, Ball oder Zerrlappen hinterdrein und freuen sich wie die Showstars in der Sendung *Bitte freu dich*. Tja, Hunde laufen auf Kommando, sie kommen meist, wenn man sie ruft – Katzen nehmen dergleichen zwar zur Kenntnis, doch machen sie sich ihre eigenen Gedanken. Wie etwa: Warum kommt nicht der Mensch zu mir (was ja durchaus einen Sinn ergäbe).
Fast alles im Leben ist eine Frage des Maßes. Wie bei der Liebe. Du magst das Nahe, du magst das Fremde, aber von beidem gehört eine Portion auf den Teller. Hunde drängeln sich immer ganz in die Nähe, sie drängeln sich vor – wir Katzen lieben den kleinen Hauch Distanz. Eine Sache des Ausmaßes, wie gesagt. Und so glauben die Menschen, man könne mit Hunden besser reden als mit uns. Klar, weil die gutmütig sind und ein wenig dumm –

Herzchen halt. Wir dagegen lassen uns nicht gleich mit Krethi und Plethi auf ein Verhältnis ein, bißchen zieren und genieren, man will ja schließlich intelligent angesprochen werden, ausgesprochen klug vielmehr, um das mal klarzustellen. Setzen wir

einfach voraus. Fliegen nicht gleich auf jedes übergriffige Verhalten der Menschen, nicht aufs erstbeste Wort, das denen aus Maul oder Seele purzelt. Paar Umgangsformen haben noch nie geschadet. Und Bildung auch nicht, denn Zeit bringt Rat, wie der Philosoph Immanuel Katz zu Recht formuliert hat. Nein, Hunde, das ist klar, sind ausgesprochen dämlich* und unselbständig. Der Hund ist ein Tier ohne Geheimnisse. Daran liegt's! Da gibt es nämlich noch einen wichtigen, einen Standesunterschied: Hunde brauchen Herrchen oder Frauchen – Kat-

zen haben Personal. Typisch dafür: Hunde geben
Pfötchen, aber wir Katzen geben allenfalls Köpfchen, jaha!

Doch nun genug der Unterschiede. Schließlich
sind wir unvergleichlich.

Wir könnten nicht hören! Natürlich nur ein Vorur-
teil. Sehen wir mal von unseren Ohren ab – ein
Wortspiel, ich weiß –, von unseren Ohren also, die
mit siebenundzwanzig Muskeln ausgestattet sind
und mit denen wir siebenunddreißigtausend
Schwingungen in der Sekunde wahrnehmen können, fast viermal mehr als 'n Mensch, was wollte
ich sagen?, ach ja, mit unseren Ohren hören wir
Ameisen über den Marmorblock krabbeln, wie ein
arabisches Sprichwort sehr richtig feststellt. Unsere Lauscher funktionieren viel besser als ein Hör-
rohr, mit ihnen greifen wir nach Tönen wie andere
Wesen mit der Hand nach Gegenständen. So ent-
geht uns nichts, das ist eben das!

Noch perfekter sind wir mit den Augen unterwegs,
selbst der letzte, halbblinde Straßenkater sieht
sechsmal mehr und besser als so 'n Zweibeiner.

---

* Anmerkung der Redaktion: So geht's nicht, Madame Schnurre.
Unsere geschätzte Autorin Winnie Wedel hat in ihrem Buch (*Der
Hund und sein Mensch – wie man Zweibeiner erzieht*, Mosaik
Verlag, München 1997) eindringlich und ausdrücklich nachgewie-
sen, wie sensibel Hunde sind, von welch hoher Intelligenz!

Und in den Pupillen der Katze entdeckst du die
Gestirne, es sind die Sonnen und Monde der alten
Ägypter, die die Katze verehrten, weil sie fürchte-
ten, eines Tages könnte die Sonne sie womöglich
verlassen. Der Sonnengott Ra selbst ist diese Katze.
Aber eins nach dem anderen.

Ende des Tertiärs, gut drei Millionen Jährchen her,
die Saurier sind schon verschwunden, das Zepter
halten jetzt die Säugetiere, und der Mensch exi-
stiert allenfalls als eine vage, eine äffische Vorah-
nung, da ist die Katze im Prinzip schon fertig, sogar
als Meisterwerk, wie Leo Nardo bezeugte, vom Sä-
belzahntiger bis zur winzigen afrikanischen Wü-
stenkatze. Wilde Vorfahren, kann ich euch sagen,
was soll da der läppische Ausdruck Stubentiger –
vergeßt die Stube, achtet den Tiger!

Obwohl wir ihn absolut nicht brauchen, haben wir

uns dem Zweibeiner zugewandt, und erst mit uns, so hat es den Anschein, tritt der Mensch einigermaßen kultiviert in die Geschichte. Nicht gerade ein ehrfurchtgebietender Zeitraum. Das war in Ägypten, Wiege und frühe Vollendung aller Menschheitskulturen. Herrenjahre – da waren wir Gott beziehungsweise Göttin, Bastet genannt, Tochter und Frau des Sonnengottes Ra, überhaupt die Göttin der Lüste (merkt euch das) und der Fruchtbarkeit. Und

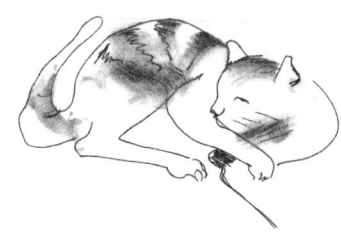

Ra selbst verwandelte sich in eine Katze, wie auch Osiris, der Gott der Unterwelt und des Totenreichs. Richtiger gesagt: Eine Katze nahm gelegentlich die Gestalt eines Gottes an. Kein Wunder also, daß man Katzen nach ihrem Ableben in heilige Häuser brachte, sie einbalsamierte und zu Bubastis pompös und voller Verehrung, ja Ehrfurcht bestattete. Wie Herrschaften halt, und nicht wie das Personal. Später dann, als die Perser Ägypten eroberten, kultivierten Katzen deren König Kambyses. Wir kamen nach Indien, nach China, wir wurden überall gebraucht, im Kreta der minoischen Spätzeit, im alten Griechenland und natürlich in Rom – weshalb die menschliche Zeitrechnung in Europa da mit dem Jahre Null beginnt. Das ist eben das!

Gewiß, ein wenig spielte wohl auch die natürliche Unfähigkeit des Menschen eine Rolle, auf seine Erntevorräte selber aufzupassen. Schließlich kommt man zwar als Gottheit recht gut durchs Leben – ein paar praktische Fähigkeiten freilich können dabei durchaus nicht schaden.

Mit unserer Völkerwanderung eroberten wir rasch den Rest dieses winzigen Planeten, sogar große Seefahrer brachte unser Volk hervor – als Schiffskatze kommst du rum, stets zu Diensten gegen die räuberischen Angriffe der Ratten und auf diese Weise – natürlich – immer schön satt. Und 'n ziemlich trockenes Dach über den Ohren. Was willst du mehr?

Wir Katzen, heißt es, seien unnahbar und eigensinnig, wenig anhänglich. Wer *das* glaubt, wird nicht selig, hält uns für töricht und ist doch selber … Ach, lassen wir das. Ja, zugegeben, es gibt wehrhafte und angriffslustige Katzen, mürrische oder griesgrämige, doch meist sind wir zärtliche und sanftmütige Wesen. Gar nicht so streng, wie wir doch sein könnten, sein sollten zu Menschen, besonders wenn diese aufdringlich sind mit ihren allzu heftigen und konfusen Liebkosungsanfällen. Alles wie im Leben: Wir können uns ebenso freuen wie Menschen, uns ärgern, aufgeregt, bedrückt oder gestreßt sein, sogar uns langweilen.

Menschen stellen sich das Leben einer Katze aus Schlafen; Spielen, Fressen und wieder Dösen vor. Neid vielleicht? Ich würd's mal probieren, mehr als zwei Wochen, also 'n normaler Kurzurlaub, da beginnen die Menschen sich heftig nach Betätigung umzusehn, verlangen nach Spielzeug, einem Raschelkasten und dergleichen, Kratzbäumen, und ansonsten streiten sie sich um den kleinsten Dreck. Sie brauchen eben auch mal eine Abwechslung, neue Ideen für die Beziehung, bißchen Freizeit vom Dösen, Aufmerksamkeit für den anderen. Nicht immer bloß an die Mäusemehrung denken. Den anderen nicht gleich abfertigen, nicht so effizient sein. Ja, mal ein richtiges Gespräch. Und warum sollte uns Katzen das nicht frommen, nicht zukommen? Achtsamkeit für den Nächsten, das wär eben das.

Von Erziehung wollen wir lieber nicht sprechen – ein wenig sind wir ja selber schuld, denn in generationenlanger Arbeit haben wir den Menschen dazu erzogen, uns für unerziehbar zu halten. Gut so, unserer Ruhe halber, und unserer Selbstverwirklichung. Andererseits können die Menschen es einfach nicht lassen, an uns herumzuerziehen. Und weil sie's nicht besser wissen, behandeln sie uns wie ihre Kinder. Sie runzeln die Stirn, erheben den Zeigefinger und schreien *Laß das!*, stupsen uns mit der Nase in das kleine, womöglich einmal geschehene Unglück, plärren *Pfui!* und was nicht noch. Sie reden und schelten mißgestimmt auf uns ein, alles ist *Nein*, sie packen uns am Nacken, zwingen uns Demut ab. Und dann plötzlich kraulen sie uns wieder, als wären wir ihre Püppchen. Just so treiben sie's mit ihresgleichen, anstatt uns positiv zu zeigen, wo's langzugehen hat, wie sie's gern hätten. Tun wir ja auch: dem anderen zu verstehen geben, was freut, und bitte darüber reden, richtig sprechen, jawohl. Es sind die feinfühligsten Menschen, die sich mit ihren Katzen regelrecht unterhalten. So 'n Menschenkind ist ja längere Zeit ziemlich lächerlich, wenn nicht gar doof. Wir dagegen kommen schon schlau auf die Welt, weil unsere Katzenahnen allzumal in uns mit- und weiterleben.

Durch bloßes Zusehen lernt die Katze, eine Zimmertür zu öffnen (wenn sie schon keine eigene Katzentür besitzt), sie weiß durch reinstes Augenmaß, bis zu welcher Nähe ein angeleinter Hund gefährlich ist – eine wirkliche Gefahr stellt so ein Normalwuffer ohnehin selten dar, wenn der mal 'ne Kralle an der Nase spürte. Durch Hin- und Abgucken, also rein intellektuell, lernen wir sogar Fischen. Also was. Der Mensch kann eine Menge von uns beigebracht bekommen. Daher unterhaltet euch mit uns.

Freilich vermögen wir auch intensiv wegzusehen und wegzuhören, als sei da nichts, zum Beispiel wenn der Mensch zu fuchteln beginnt, zu zischeln etcetera, in die Hände zu klatschen, sagen wir, wenn du über den Küchenherd spazierst. Irgendwann machst du das freiwillig nicht mehr, aber nicht, weil dein Mensch dir das untersagen will. Mit so durchschaubaren Methoden.

Eine Hackordnung kennen wir Katzen nämlich nicht, es gibt nur oben und unten, Macht oder Nichtmacht. Da ist mein Milchplatz, niemand hat mir dreinzureden oder den gar streitig zu machen. Mit einem Wort: Wo ich bin, ist oben. Was soll mir der Sozialklimbim. Paarung, Jungtieraufzucht, ja, da gibt es lose Bekanntschaften, aber keine Dauergemeinschaft. Nur mit dem Menschen vielleicht, weil der uns suggerieren möchte, wir seien das Jungtier oder der geschwisterliche Spielkamerad. Lassen wir den ohnehin wenig subtilen Zweibeinern diese Freude, diese Illusion, oder machen wir einfach das Beste draus, nehmen die eine, die andere Bequemlichkeit mit. Na ja. Doch die Wirklichkeit ist: Wir jagen allein, wir fressen und schlafen allein, jeder für sich, allein verteidigen wir uns, und allein geben wir Fersengeld. Alles oder nichts.

Eine Katze verstellt sich nie, unter keinen Umständen. Wir kennen, anders als andere, keine Konventionen, kein Zurschautragen, keine Maske. Und wenn man mal dem Zweibein von hinten jäh an die Waden fahren muß, um dort tüchtig zu krallen, zu zwicken, dann ist das kein heimtückischer Überfall, sondern es *mußte* einfach sein, mußte mal raus, eine ganz schlichte, ehrliche, aggressive Übersprungshandlung. Wie erklär' ich das? Ja, vielleicht so: Wie andere sich verlegen hinterm Ohr kratzen oder in der Nase bohren. Nix weiter.

Nur vorm Katzenbuckel sei jeder gewarnt. Wenn dein Vorderteil fluchtbereit, dein Hinterteil aber sprungbereit ist, vermag keiner vorherzusagen, in welche Richtung die Sache geht. Und noch etwas: So 'n Kätzchen auf dem Rücken liegend, wie süß, wie gemütlich, pflegen Zweibeiner da zu säuseln. Doch Obacht: In der Rückenlage haben wir all unsere fünf verfügbaren Waffen auf einmal ausgefahren. Zählt selbst nach.

Die Katze ist eine anarchistische Aristokratin, mit gesundem proletarischem *élan vital*, hat der kluge Katzel Eggebrecht mal geschrieben. Und man sagt uns nach, die meisten Menschen verwöhnten uns über die Maßen. Ich sage nicht gern die Unwahrheit: Aber es ist nicht der Fall. Wir kennen lediglich das Geheimnis, wie man mit Menschen leben kann, ohne an ihrer Mühsal teilzuhaben. Lauter gute Gedanken und Beobachtungen, nicht wahr? Fand ich auch, und zwar in kluger Leute Büchern.

Am Anfang, um das erneut zu betonen, schuf Gott die Katze und danach noch eine ganze Menge Dinge, vor allem die Sonne, warme Öfen, Mäuse und, nu ja, Dosenfutter. Er ließ Katzengras wachsen und Kratzbäume und gab den kleinen zwitschernden Zweibeinern Flügel – wie ungerecht. Zum Schluß erst erschuf Gott den Menschen und machte ihn der Katze untertan. Dafür brauchte er alles in allem sechs Tage. Danach ruhte er und faulenzte bis in alle Ewigkeit. Letzteres nennen wir das Paradies, zu dem freilich auch die kleinen Aufregungen zwischendurch gehören. Das ist eben das!

Die Entdeckung des Augenblicks

MÜSSIGGANG IST DER ANFANG ALLER

KATZENSELIGKEIT (MIT EINEM EXTEMPORE

ÜBER DIE NÜTZLICHKEIT DES TAGSCHLAFS)

N icht in jedem Moment hat man die Welt neu zu erschaffen, und man wird nicht gleich sechs Tage durcharbeiten, um danach erst zu ruhen, ja: Jeder Tag sei ein Feiertag! Der fröhliche, lebenserhaltende Konsum ist anstrengend genug.

Überhaupt sollte man einen breiten Rand an seinem Leben lassen, wenn ich mich so ausdrücken darf, Unbeschriebenes, das die Unendlichkeit deiner Seele ahnen läßt. Gemächlichkeit entsteht so, Stille, ein Leerraum für alles, was geschehen könnte. Die Faulheit nämlich ist die Mutter der Künste und der edleren Tugenden, da blüh'n die Gedanken und Träume, die schöneren Gefühle. Da wachsen Ideen. Sind wir denn Lohnabhängige, sagen wir: fürs Mäusefangen? Um welchen Lohn denn, ach. Ein Verbrechen gegen die Würde der Katze begeht, wer allein das nur denkt. Freies Spiel und freier Wille, darum dreht sich's – und ist das vielleicht Arbeit? Na also.

Die Schufterei wird ja schnell zur Sucht, wie man beim Menschen sieht – der, mit seinem rücksichtslosen Zeitbenutzungsgeist, oder wie soll ich das nennen.

Zweibeiner verfügen, wenn überhaupt, über eine mechanische Zeit, die lesen sie an Uhren ab, und, hast du nicht gesehn, werden sie hektisch, weil ihnen etwas davonzurennen scheint. Ja, der Mensch ist gefangen in der Zeit, die ihn beherrscht, indem sie ihm entflieht. Und kurioserweise auch dadurch, daß er sie totschlägt oder verschwendet. Versteh das einer. Durch Arbeit jedenfalls gewinnst du nicht den Himmel auf Erden, allenfalls was man Wohlstand nennt, den zu genießen dir dann die Zeit wieder fehlt. Irgendwie unlogisch. Aber so geht das ewig bei unserem tumben, zweibeinigen Freund.

Nun denn, seien die Menschen zur Arbeit da, nach ihrem eigenen Entschluß, eigentlich Sklaven, wie bei den alten Griechenkatzen. Für uns höhere Stände gilt, daß Faulheit das letzte Gut ist, das uns vom Paradies geblieben – wie das der felide Kenner Ortega y Katzel so schön gesagt hat.

Der andere Aspekt dabei ist, daß du dich in paradiesischer Zeit leicht verlierst, also mußt du dich immer selbst haben, selbst behalten, ja, halt es schön fest, dein Ich, auch wenn das nicht immer

leicht ist. Denn nichts geht darüber, also über dein
Ich, meine ich. Ganz schön verknäulter Gedanke –
ribbeln wir den mal ein bißchen auf.

Nicht jede Katze zum Beispiel kann wissen, daß es
Erzfeinde gibt, oder Erbfeinde, Mäuse etwa, und
warum sollte man nicht ruhig auch Sieger sein
über Puschel, Knüll oder Quaste. Soviel Spaß muß
sein. Da spielst du und krallst mit dem Ding herum,
egal, ob nun Maus oder Raschelball, Beute ist Beute, setzt den finalen Todesbiß – und plötzlich mußt
du innehalten, als sei nichts gewesen. Aber da war
doch was.

Genau dieser Moment bringt dir dein Ich zurück,
das du gerade an die Beute verloren hast. Und so
setzt du dich hin und putzt dich, ein wenig Würde
soll wohl sein, eine gewisse Haltung. Nach dem
Streß der Jagd will die Spannung sich lösen. Eine
kleine Besinnung tritt ein. Da putzt du dich, klar,

wer würde sich schon ungewaschen zu Tische begeben. Natürlich spielst du auch mit 'ner richtigen Maus, eh du ihr Terminator wirst – das will ich jetzt gar nicht näher untersuchen. Ein altes Ritual, gegen das du machtlos bist. Aber beim Putzen wirst du wieder du selbst. Gewinnst deine Zeit zurück, Eigenzeit. Findest dein Ich wieder, und so striegelst du dich mit der Zunge zurecht, als trommelte jemand mit Menschenfingern auf den Tisch, kaute Nägel oder rückte zum x-ten Mal seinen Schlipsknoten in die Nordsüdposition, ja als müßtest du deinen Schreibtisch ordnen, ehe du eines klaren Gedankens mächtig bist, na und so weiter. Ich könnte hier einen Gesamtkatalog menschlichen Verhaltens ausbreiten. Es handelt sich nur um Riten. So wie du auch jäh einige Pirouetten drehen könntest, um deiner stoischen Grundnatur in dir selbst erneut Geltung zu verschaffen.

Manchem könnten derlei Reaktionen womöglich deplaziert erscheinen, weil sie in dem Verhalten keine Verbindung zur Situation herzustellen vermögen. Im Gegenteil ist ja alles, was dich in den Stand deiner Würde zurückbringt, höchst angemessen, und so leckst du dein Fell sauber, kein Härchen bleibe ungeglättet, sogar hinter deine Ohren gehst du mit den frisch benetzten Pfoten, rechts, links, weil deine Schmirgelzunge leider nicht lang genug ist.

Und stets wirst du danach trachten, dermaleinst die Unterseite deines eigenen Kinns zu erreichen. Bis dahin übst du und übst und putzt dich aufs penibelste weiter und weiter. Es geht ja um mehr als um die schlichte Frage, was tue ich jetzt, wie handle ich danach. Nur Menschen klügeln dergleichen aus. Nein, bloß nicht diese kleinteilige Zeitorganisation, nicht sich verplanen.

Und eben das nenne ich die Entdeckung des Augenblicks, des *einen* Moments, des richtigen Zeitpunkts. Dazu gehört auch Geduld. Die Natur selbst beeilt sich ja niemals, wenn ich einen so allgemeinen Gedanken äußern darf. Und meine Natur – na schön, ausgeschlafen mußt du schon sein, ganz du, sagen wir überm Kaninchenbau hockst du, stundenlang, in äonischer Ruhe. Du erfindest die Stoa neu, bist aufmerksam und gespannt. Und dann – selbst wenn sich die Erde zweimal dreht, er kommt doch heraus, der blöde Löffel. Und wenn er aus seinem Loch hoppelt, ahnungslos – das ist dann der

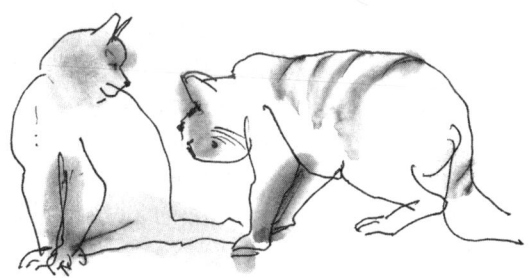

25

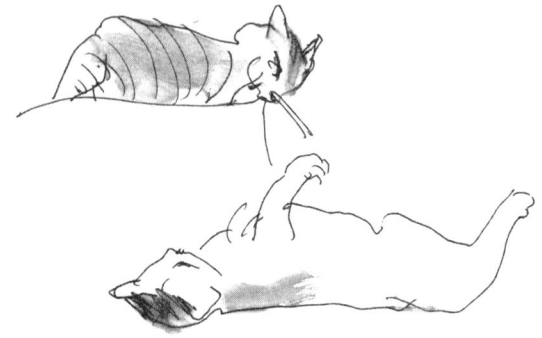

Augenblick, für den all dein Warten sich lohnte. Jetzt, jetzt ist er dein. Klar, daß es da mal ganz schnell zu gehen hat. Lieber Beute als morgen.

Das ist die Philosophie des richtigen Zeitpunkts: Da mußt du ganz du sein und zugleich ganz bei der Sache. Nur so schafft ein Wesen Großes. Und deshalb, schließlich, wird der Mensch das niemals wirklich nachvollziehen, geschweige denn begreifen können, denn er ist extrem selten bei der Sache und niemals ganz bei sich, wenn ihr versteht, was ich meine.

Es dreht sich ja immer um angefüllte, erfüllte Zeit. Des Nachts zum Beispiel, vom Einbruch der Dunkelheit bis Mitternacht, wenn wir unsere Katzenversammlungen abhalten. Da wird nicht unbedingt gegrollt und gefaucht. Man sitzt ein paar Meterchen voneinander entfernt und miezt und maunzt so herum. Man hockt halt beisammen, tauscht Meinungen aus: Katzenstammtisch. Nicht immer ist klug, was da geredet wird, aber unterhaltsam geht's zu. Nur in der Paarungszeit bleiben einzelne bis zum frühen Morgen. Aber die Rangkämpfe der Kater haben nichts mit schnödem Sex zu tun. Die Katze nämlich sucht sich ihren Partner selbst aus, possierlich, poussierlich ... Bei den Katerkabbeleien geht es, wie anders, bloß um Macht. Einer ist der Boß, wenn er sich stark genug fühlt, alle anderen kontrollieren ihr Revier gemeinsam: eine Bruderschaft der Kater. Das gehört auch zu dem Stammtisch. Da sollen die paar Halbstarken ruhig mal herumstänkern, die stören nicht weiter. Wissen's halt nicht besser.

Das Prinzip des richtigen Zeitpunkts bezieht sich freilich auch auf die Kenntnis des anderen, seine Geneigtheiten, seine Mißgestimmtheiten, was er signalisiert eben. Man sollte nicht übersehen, daß unsereins einfach mit allem spricht, ganz und gar Ausdruck ist. Nehmen wir einige Beispiele, die Menschen allerdings möglichst zu lesen verstehen sollten:

Sind die Augen weit offen, bin ich wach und aufnahmebereit, und wenn dieses eigenartige Glimmern darin nach außen dringt, so paßt auf, gleich wird etwas geschehen. Seht lieber erst genauer hin. Weite Pupillen verkünden eher einen Angriff, enge aber Abwehr. Dazwischen, wie im Leben, liegt die fröhliche Normalität, und, hast du nicht gesehen, geht eins in das andere über.

Was soll ich zu geschlossenen Augen sagen, na. Aber halbgeschlossene, sie drücken Vertrauen aus: Ade, Welt, ich will schlafen. Aber auch: Mir geht's nicht so gut. Und schließlich und meistens: Ach, Welt, vielleicht hast du mir doch noch irgend etwas zu bieten, könnte doch sein, eine klitzekleine Aufregung womöglich?

Und so kann man weiter und weiter lesen, verstehen, was angelegte Schnurrhaare oder leicht ausgedrehte Ohren für unendliche Geschichten erzählen. Vom Schwanz ganz zu schweigen, sei achtsam, wenn er wedelt, meist setzt es dann Schrammen.

Meine Güte, welche Selbstverständlichkeiten er-
zähle ich da, sieh selber hin, lies selber darin, es ist
gar nicht mißzuverstehen, vom Darbieten des Hinterteils bis hin zu Fauchen und Spucken ließe sich
alles leicht übersetzen, falls nötig. Und wenn dir einer sein Köpfchen gibt und das Nasereiben mit dir
übt (ein wirkliches Kompliment!), hast du im großen und ganzen deine Sache nicht absolut falsch
gemacht. Der Rest ist Übung, und immer schön im
Gespräch bleiben, in echtem Augenkontakt, auf
Katzenhöhe, versteht sich, nicht von oben herab.
Es wird schon werden, Mensch!
Und die einfachen Miaus und die komplizierteren
Mius kannst du dir ja mal allein zusammenreimen.
Du findest doch alle Gefühle in dir selbst vor,
wenn du noch nicht völlig abgestumpft oder etwa
der aberwitzigen Meinung bist, so 'n kleines Kat-

zenviech, wie du womöglich beliebst dich aus-
zudrücken, habe dergleichen Regungen nicht.
Ha! Freude, Schmerz, Wonne und Entzücken,
Furcht und Verzweiflung, kurz alle Empfindun-
gen und Leidenschaften in ihren mannigfaltig-
sten Abstufungen, ausgedrückt durch ein einziges
Wörtlein, ob nun *Mi* oder *Mrauz* oder wie. Was,
fragte sich selbst E. T. A. Katzelmann, ist die Sprache des Menschen gegen dieses einfachste aller
einfachen Mittel, sich verständlich zu machen.
Bloß hinfühlen müßte der Mensch können wollen. Klar?
Und nicht vergessen: Immer schön bei sich und
ganz bei der Sache, beim Jagen, Fressen, Putzen,
beim Schlafen, Schmusen, egal wo, beim Miauzen –
nur so kommst du unverfälscht, unverstellt rüber.
Das ist das Geheimnis – Quark, Quark, das ist die
allersimpelste Selbstverständlichkeit, die freilich
dem Menschen äußerst fremd zu sein scheint. Dabei wäre alles ganz einfach.
Nimm doch zum Beispiel das Schnurren, als Ton
und Gebärde. Wo und womit wir schnurren – findet es selber heraus. Da gibt es die absurdesten
Theorien, forscht nur, erforscht die diversen Stimm-
ritzen, die zwei Arten von Stimmbändern, Zäpf-
chen, Gaumensegel, hört doch hin, Kehlkopf,
Zwerchfell oder Bronchien – nein, das Schnurren
quillt aus Leib *und* Seele, ihr könnt es selbst füh-

len, Wellenlänge zwanzig Hertz, ob letzteres nun mit *t* oder ohne *t* ...

Schon das Wort Schnurren ist eine höchst unvollkommene Lautmalerei, die sich vielleicht besser *rrrn* oder *brrrn* schriebe. Ton *und* Gebärde, sagte ich, und viel mehr als nur Ausdruck inneren und äußeren Wohlbehagens. Beim erstenmal Saugen fängt's an, da schnurrt das Kleine (fast hätte ich Küken gesagt). Und die Mutter antwortet, guck hin, wie sie da liegen, zwei oder wieviel Schnurrpakete. Es handelt sich ja auch um eine Art Liebkosung, bei der du ohnehin schnurrst. Aber nur Wohlbehagen und weiter nichts?

Durchaus nicht, denn Katzen schnurren auch bei Fieber, bei Schmerzen, bei Angst, so unterwerfen sie sich, hilfesuchend, dem Menschen wie auch dem stärkeren Artgenossen. Das Schnurren ist eine weiße Flagge, schrieb mal einer, die Bitte um freundliche Aufmerksamkeit, um Trost. Eine Hingabe, doch, ja: ganz du und ganz bei der Sache.

Und dazu paßt, klar, das versprochene Extempore über die Nützlichkeit des Tagschlafs. Zuvörderst möchte ich einige Dinge in Erinnerung rufen, denn den Schlaf benötigst du ja nicht umsonst, nicht grundlos.

Ursprung und Ziel dieser Welt ist das Große Behagen, und da haben wir's schon wieder, dieses Ganz-

bei-sich-und-ganz-bei-der-Sache. Da möchtest du
Gefühle ausleben, dich einbringen, wie Zweibeiner so schön sagen, das Leben ist ein einziger
event, vergiß das nicht. Erlebnisleben heißt die De-
vise, aber frei von Konflikten, denn Katzen haben
keine Laster – nur Tugenden!

Und auf *was* du nicht zu achten hast! Auf alles, was
sich bewegt. Dann auf Geräusche, nehmen wir mal
… ja, wenn der Dosenöffner in Aktion tritt. Oder
du machst selbst Geräusche, indem du, laut, deinen
Freßnapf herumbugsierst – kurz, das alles ist sehr
anstrengend. Daß du da mal ein kurzes Nickerchen
einlegst, versteht sich von allein. *Catnapping*, sagen die Engländer, ein Katzenschläfchen, tja! Er-
frischt ganz ungemein. Und schärft die Aufmerksamkeit. In jeder Sekunde des Tages mußt du, klar,
ausgeschlafen sein. Was den Schlaf betrifft, ist eine
gewisse Vorratshaltung also durchaus anzuemp-
fehlen.

Auch der Mensch braucht immer mal wieder Unter-
haltung. Ansprache. Programm. All das. Wie schon
erwähnt, empfiehlt sich ein Katzengespräch. Das
klingt meschugge, bringt aber wechselseitig neben
all den lebenswichtigen Informationen ein, zwei
Quentchen Gefühl rüber. Immerhin, um die zwanzig menschliche Wörter können wir aus dem men-
schenüblichen Gebrabbel heraushören und wirklich verstehen.

Dazu kommt natürlich das ganze nonverbale Vokabular der Zweibeiner – eine mächtige Sprache das, die ohne jeden Laut funktionieren würde, vom Abschiedsritual, bei dem normalerweise das schlechte Gewissen fett im Raum steht, über die kleineren und größeren Verbote, die sich in zunehmend sichtbaren Entgleisungen der Gesichtszüge andeuten, bis hin zu positiven Motivationen, die ich mal als das menschliche Schnurren bezeichnen möchte. Wie leicht erkennt man überdies skeptische oder gar feindselige Einstellungen, ich sage dir, der Mensch ist ein offenes Buch.

Dazu weiter dann *unsere* diesbezüglichen Fähigkeiten – ja, jedes einzelne Teilchen an uns ist Ausdruck und Sprache, von vielsagenden Blicken über die ganze Ohren- und Schnurrbartsprache bis hin zur Gestik, nennen wir noch mal das Zuwenden des Hinterteils als Beispiel.

Hat nie einer beobachtet, wie eine Katze neu in ein Haus kommt? Es begutachtet? Besitz ergreift? Es gilt ja, das Haus dir untertan zu machen, die Schlupfwinkel und geheimen Ausgänge zu entdecken, die Welt zu erobern, nicht sie einfach hinzunehmen oder gar darin bloß zu verdöseln. Da heißt's ganz dazusein, ganz Wachheit, ganz Witz. Und so mußt du deine Sinne schärfen lernen, selbst wenn du schläfst. So bewahrst du dir – ach was, so bleibst du Nasen-, Ohren- und Augenseele, Spürseele eben,

gespannt wie eine Feder und so leicht. Denn alles ist wichtig, nichts darf dir entgehen, egal, welchen Spielen oder Bequemlichkeiten du selbst gerade nachgehst.

Darin besteht ein Teil der Macht, die dir über Menschen gegeben. Ein Teil, wohlgemerkt. Und da man beharrlich glaubt, daß man uns nicht erziehen kann, läßt man uns, und das ist gut so. Im Leben kommt man ohnehin nur weiter mit positivem Denken, was ja nur ein anderes Wort für Liebe ist. Gemein ist es daher, eine Katze nicht zu beachten oder gar schlecht über sie zu reden, sie dauernd zu schurigeln, an ihr herumzukritteln oder sie mit lauter Neins zu belegen und so alles in allem ihr Selbstvertrauen anzuknacksen. *Das* sollte man in die längst überfällige Internationale Deklaration der Katzenvorrechte aufnehmen. Nicht, wie es jüngst

in Florenz geschah, gesetzlich regeln, daß eine Katze nicht länger als eine Stunde auf den Balkon gesperrt werden darf. Ich meine, es käme doch sehr auf die Stunde an, und auf den Balkon.

Gewiß, wer nur immer vier Wände sieht oder zum Fenster hinaus ein paar Autos, wird auf die Dauer im Kopf ziemlich leer, da geht es der Katze nicht anders. Ein todlangweiliges Dasein ohne Ansprache und Abwechslung, ohne Spiele, ohne Reize, ewig nur drinnen – das Leben hat doch wahrlich mehr zu bieten. Und wenn eine Katze partout nicht raus darf, dann, Mensch, mußt du ihr den Abenteuerspielplatz eben drinnen bauen. Ist wohl das mindeste.

Nicht umsonst sind wir die höchstentwickelten Raubtiere, alles in allem hatten wir fünfzig Millionen Jahre Zeit, uns zu vervollkommnen – wie küm-

merlich dagegen die menschliche Ahnengeschichte. Überdies sind wir von äußerst kosmopolitischer Herkunft, was man vom Zweibeiner gleichfalls nicht behaupten kann. Und schließlich verfügen wir über einen extrem leistungsfähigen Gesichtssinn, wir hören bis in den Ultraschallbereich, mit einem allerfeinsten Ortungssystem. Unsere Nase, na ja, manch einer schnüffelt besser, aber wir liegen da immer noch weit vor dem Menschen. Dazu besitzen wir Tastsinnhaare sowie Krallen, die man nicht nur aus-, sondern auch wieder einfahren kann. Wir sind kampfstark und mutig, überhaupt seelische Riesen. Nur zu verständlich, daß wir uns von all diesen Superlativen von Zeit zu Zeit ein wenig ausruhen müssen.

Irgendein Nichtsnutz hat das mal die unverschämte Schlaffähigkeit der Katzen genannt. Ich meine, da schwingt doch der kleinlichste Neid mit! Zwei Drittel der Katzenzeit bestünden aus Schlafen und Dösen? Was versteht ihr denn davon. Etwas mehr Respekt, bitteschön. Um eine auf seinen Armen schlafende Katze nicht zu stören, schneide man den Ärmel seines Burnus ab, wie einst der Prophet Mohammed sagte, als der mal wohin mußte – das hat Stil!

Die Menschen haben es untersucht, wie sollte es anders sein: Innerhalb von vierundzwanzig Stunden geht eine Katze sechsunddreißigmal zum Futternapf, fünf Stunden und zwanzig Minuten dienen dem Dösen, drei Stunden und vierzig Minuten sind fürs Spielen reserviert, und bloß neun Stunden und dreißig Minuten sind dem ordinären Pennen gewidmet. Der Rest wird nicht verraten.

Ob wir träumen? Aber gewiß doch! Wir träumen, was wir wissen, was wir begehren und was wir erfahren. Nun denk mal selbst darüber nach, Mensch, ob das bei dir nicht so ähnlich ist. In Träumen lernt man sogar – es ist das Gedächtnis der Art, das auf diese Weise aktiviert wird. So ist man jeder Wirklichkeit gegenüber gewappnet – wie man selbst zu reagieren und nicht, beispielsweise, wie ein hysterisches Mäuschen mit sonstwelchen Obsessionen, Erinnerungen, Ängsten und Schuldgefühlen.

Ich möchte wie eine Katze schlafen, hat Pablo Neruda gedichtet, mich ausstrecken über die Welt, über Dachziegel und die Erde. Und es rinnt durch mich die Nacht wie dunkles Wasser.

Ja, das ist eben das! Auch am Tag: Ganz bei sich und ganz bei der Sache. Im Schlaf.

Dreimal

schwarzer Kater

WIR SIND EBEN EINFACH KULT

Wenn Sie über die Rätsel der Menschenseele schreiben wollen, hat ein gewisser Aldous Katzley mal gesagt, dann ist es das beste, Sie schaffen sich ein Katzenpärchen an. Abgesehen davon, daß das ohnehin eine löbliche Tat ist, und auch davon, daß hier einige Vorrangigkeiten durcheinandergebracht werden – wer schafft sich denn wohl wen an, he? – also, was will ich sagen, einen Dichter sollte man sich ruhig anlachen, denn deren viele haben sich über uns Katzen eher klügere Gedanken gemacht. Puh, was für ein Satz. Einer schrieb: Nimm die Augen in die Hand und die Katz aufs Knie, was du nicht siehst, das sieht die. Wahr, wahr! Was nämlich sehen Normalmenschen alles *nicht*. Zum Beispiel, daß es mit den Namen der Katzen eine besondere Bewandtnis hat, wie C. A. T. S. Eliot besang:

Wie heißen die Katzen? gehört zu den kniffligsten Fragen und nicht in die Rätselecke für jumperstrickende Damen. Ich darf Ihnen, ganz im Vertrauen, sagen: Eine jede Katze hat drei verschiedene Namen. Zunächst den Namen für Hausgebrauch und Familie, wie Paul oder Moritz (in ungefähr diesem Rahmen), oder Max oder Peter oder auch Petersilie – kurz, lauter vernünft'ge, alltägliche Namen. Oder, hübscher noch, Murr oder Fangemaus oder auch, nach den Mustern aus klassischen Dramen: Iphigenie, Orest oder Menelaus – also immer noch ziemlich vernünft'ge, alltägliche Namen.

Doch nun zu dem nächsten Namen, dem zweiten: Den muß man besonders und anders entwickeln. Sonst könnten die Katzen nicht königlich schreiben, noch gar mit erhobenem Schwanz perpendikeln. Zu solchen Namen zählt beispielsweise Schnurroaster, Tatzitus, Katzastrophal, Kralline, Nick Kater und Kratzeleise – und jeden der Namen gibt's nur einmal.

Doch schließlich hat jede noch einen dritten! Ihn kennt nur die Katze und gibt ihn nicht preis. Da nützt kein Scharfsinn, da hilft kein Bitten. Sie bleibt die einzige, die ihn weiß. Sooft sie versunken, versonnen und verträumt vor sich hinstarrt, ihr Herren und Damen, hat's immer und immer den gleichen Grund: Dann denkt sie und denkt sie an diesen Namen – den unaussprechlichen, unausgesprochenen, den ausgesprochen unaussprechlichen, geheimnisvoll dritten Namen.

Ein Gedicht! Ja, ihr Damen und Herren, keiner von uns würde euch das Geheimnis dieses dritten Namens je lüften – rechnen wir ihn dem Privatleben zu, und das wollen wir tunlich außen vor lassen. Ein Stückchen der Person möchte doch jeder für sich allein behalten.

Ahnungsvoll schrieb Robert Walser: Der Katze Gegenwart glich der Gegenwart einer seltsamen, schweigenden Fee. Ich kam mir überhaupt wie behütet, wie beschützt vor von einem gütigen Wesen. Was kann man wissen?

Was man wissen kann, glaubt nun das Felidologische Institut der Humbug-Universität zu Berlin herausgefunden zu haben. Nach langen, entbehrungsreichen Forschungsjahren kommen die Wissenschaftler zu dem Ergebnis, daß ihnen die Katze *ein Buch mit sieben Siegeln* sei, das sie *oft ins Grübeln gebracht* habe. So stellen sie heraus, daß, *egal ob Katz oder Kater, überwiegend der Typus des Katzenvamps* unser Image und Verhalten bestimme.

Was soll man nun dazu sagen? Wenn Menschen forschen, kommt hinten immer was dabei raus.

Andere halten's da lieber mit den Sternen – Katzenastrologen betreiben einen ausgesprochenen Wachstums-, ja Modeberuf. Doch die Vorstellung, die Gestirne da draußen, die Steinböcke, Krebse, Fische und Flöhe und was dergleichen niedere Tiere mehr, selbst wenn man einen Löwen daruntergemogelt hat, also *die* bestimmten in irgendeiner Weise unser Wesen, unser Verhalten oder unsere Entwürfe, wenn ich mich damit verständlich machen kann, diese Vorstellung ist natürlich ausgesprochen närrisch.

In Wirklichkeit gibt es nur *ein* Katzengestirn, die Lalandsche Katze, aus fünfzig Sternen bestehend, winzig, in Frühlingsnächten entdeckst du sie am südlichen Firmament, dicht überm Horizont stapft sie westlich davon, zwischen den beiden Bären,

dem Wolf und dem Stier, würdig. Gewiß, sie scheint
etwas räudig, zerrupft von der langen Wanderung.
Einen Teil von ihr nennt man heute Hydra, weil die
Katze am Himmel zu Recht in Vergessenheit gerät.
Es sind ja nur Bilder, nur Märchen, denn der wahre
Planet der Katze, das sagte Jean-Louis Hue in sei-
nem wunderbaren Buch über uns so, der wahre
Planet der Katzen ist die Erde. Das ist ja das!

Ich schnurre, also bin ich – das ist Beginn und Ende aller Katzenphilosophie.

Wir Katzen seien nur Sentiment, hat der weise
Narr George Bernard Katz von uns behauptet, die
Niederlage des Projekts Aufklärung, der Sieg des
Gefühls über den Verstand. Das ist natürlich ebenfalls Unsinn, wenngleich wir damit zu höchst mo-
dernen Personen erklärt würden. Wir haben, im
Gegensatz zum Menschen, den Ausgang aus selbst-
verschuldeter Unmündigkeit längst gefunden. Nur
bei Zweibeinern weht jener berühmte hypochon-
drische Wind in den Eingeweiden, wie ein deut-
scher Philosoph Gefühle, und zwar unaufgeklärte,
genannt hat. Wenn ihr's nicht fühlt, ihr werdet's nie
erjagen. Gefühl ist alles, Begriffe sind Schall und
Rauch. Wahrlich, bei Goethes Katze, ich sage euch:
Der Mensch ist trocken und herzlos, aber uner-
schöpflich im Erklären und vermag zugleich das
Denken als lediglich einen Traum des Fühlens zu
verunglimpfen. Sicher, jedes Wesen braucht Nahrung für die Seele, doch soll man schön säuberlich
zwischen Fakten, Fiktionen und Folklore unter-
scheiden. Sonst sträubt sich noch der ganz norma-
le Katzenverstand.

Schön, wenn ihr meint, wir seien Hexen oder sonst
was - doch was soll mir die neuere Fast-food-My-
stik, darf's ein bißchen Okkultismus sein, Feng
Shui, Wind und Wasser, zum Fenster hinein, zur Tür
hinaus, Magnetfelder, heilende Steine, *soul, sacred,
spiritual,* Megatonnen von Vernunftabfall, die Kar-

ten legen, Bergkristalle zum Pendeln, und bestellt
mal schon aus 'm Prana-Katalog, jede Menge Blöd-
sinn für nix. Katzenastrologie, Katzenbachblüten,
Katzenduftöle, Katzenschamanen und alte Katzen-
indianer, hihi, fehlt nur noch, daß wieder einer die
Katzengalle entdeckt, die ich hier grad spucke, als
geheimnisvolle Essenz für höhere Erleuchtungen.
Drum fliegen wir ja auch …

Nein, im Ernst, wir gehen tatsächlich nicht einfach,
ordinär wie andere Wesen, wir schweben ein bißchen. Mag sein, es liegt daran, daß im schwarzen
Mittelalter auch die Katze schwarz wird, schwarz
wie die Nacht, wie die Magie, das Unheilbringen-
de. Da geht, da fliegt sie mit den Hexen, und man
liebkost ihren Hintern, um Gott zu lästern.

Oh, viele bezeugten damals, wie Katzen ihr Unwe-
sen trieben, nicht sich fragend, wer oder was da
womöglich bloß sein Wesen getrieben hat. Zum
Symbol wird die Katze plötzlich, der Sünde und
des Ehebruchs, und so verbrennt man sie an Spie-
ßen und auf Scheiterhaufen, um das Böse (das natürlich in den Menschen hockt) stellvertretend zu
vernichten. In einen Kurienkardinal, heißt es, sei eine von uns gefahren, und der habe Dinge getrieben, die nicht zu einem Kirchenmann und schon
gar nicht in ein so vornehmes Buch wie dieses hier
gehören. Ja, Wunder gibt es immer wieder.

Johann, spann an, drei Katzen voran, drei Mäuse

vorauf, den Blocksberg hinauf. Warum nicht. Die Katze - das typische Hexentier und Inkognito der Hexen selbst. Bitte, wenn's denn der Wahrheitsfindung dient. Aber glauben würde ich ruhig daran, unbedingt sogar, denn sicher ist sicher: Schwarze Katze von links übern Weg bringt Unglück? So arg kann's ja nicht sein, wenn schon dreimal Ausspucken hilft.

Überhaupt sieht man mal wieder: Alles ist relativ. Entgegen verbreiteter Annahme hängt das Unglück durchaus davon ab, wer man ist. Spaziert nämlich die Katze, egal, links, rechts, einer Maus übern Weg,

nutzt der auch das Ausspucken nicht mehr. Und
wenn es ein Jäger ist, und die Katze kommt von
links, dann wird die Sache noch unübersichtlicher.
Man soll einer Katze nicht zu lange beim Putzen
zusehen – sonst wird man gescholten. Und das spä-
testens von der Katze selbst, denn sie möchte zwar
hin und wieder wohlwollend beäugt, nicht aber in-
diskret beobachtet werden.

Man achte darauf, daß ja die Katzen sich nicht vor
der Tür balgen – sonst gibt es einen Streit im Haus.
Und Freunde sollen sich davor hüten, daß zwischen ihnen eine Katze durchläuft, denn dann gibt
es Zank. Und so fort.

Ja, alles das ist unbedingt wahr, wie jeder gleich
sieht, denn im Volksglauben tauchen auch zahlreiche positive Vorzeichen auf. Alles empirisch be-
legt. So darf man eine schwarze, eine getigerte oder
bunte Katze, die einem zuläuft, nicht verjagen,
denn sie alle bringen Glück.

Wenn sich die Katze hinter den Ohren putzt – wird
bald ein Brief eintreffen, mit gutem Inhalt. Oder ein
Anruf, oder ein Fax, tja!

Wenn sich die Katze in der Stube putzt, soll man zu
Hause bleiben (es kommt nämlich Besuch). Wäscht
sie sich vorn, ist es ein Mann, säubert sie sich hinten, eine ältere Frau, oder umgekehrt. Leckt sich
die Katze den Schwanz, ist es ein unliebsamer Gast,
leckt sie sich den ganzen Leib, kratzt sich hinter

den Ohren oder streicht die Nase, wird der Gast willkommen sein.

Wenn eine Katze das Haus *nicht* betritt - soll schon vorgekommen sein -, wird es zusammenbrechen.

Seeleute fahren nicht aus, wenn die Schiffskatze nicht an Bord ist - so sind sie gewiß, daß sie nicht untergehen werden.

»Dreimal schwarzer Kater« schließlich ist eine Beschwörungsformel, die alles, aber auch alles zum Guten wendet. Und: »Dreimal schwarze Katz« bringt dir zurück den Schatz.

Was ich mit dieser Aufzählung eindeutig klarer Fakten sagen will, läßt sich für den eher abstrakt denkenden Leser auch in der folgenden Weise veranschaulichen: Man kann die Anzahl der Katzen in den Mecklenburg-Vorpommerschen Bauernhöfen sinnvoll, ja eindeutig mit der Anzahl der Menschenkinder in Zusammenhang bringen, die dort geboren werden. Woraus klar hervorgeht, daß es die Katzen sein müssen, welche die Kinder bringen - keinesfalls aber ist es der Storch. Denkt daran.

Ihr seht, liebe Leute, wir sind, mit einem Wort, einfach wunderbar. Zahllose Beispiele aus dem Katzenleben bergen besondere Lehren für die Menschheit, hat der erwähnte kluge Aldous geschrieben. Die Deckel, unter denen der angeblich zivilisierte Mensch lebt, sind dick und reich verziert, mit my-

thologischen Ausschmückungen versehen, wer
vermag sie zu zählen, seine Gefühle zwischen Nähe
und Distanz, von der Liebe in all ihren Abstufungen
bis zum Haß, und in jedem Moment wieder anders,
versehen mit Kopfblüten, also wirklich verziert ...
Nein, wir Katzen leben ganz uns selbst, ganz aus-
gefüllt, ganz für den Augenblick – wir beschweren
uns nicht mit solcherlei Deckeln nebst Zierwerk.
Und vielleicht offenbaren wir gerade dadurch jenes dunkle Mysterium der menschlichen Natur.

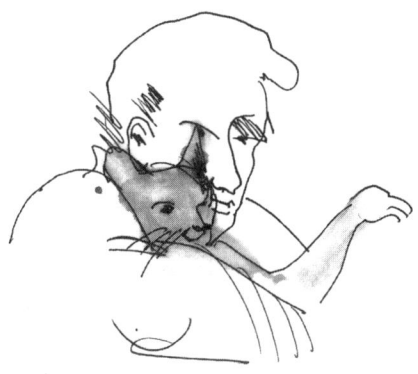

Ganz wie Äsop in seiner hundertneunundfünfzig-
sten Fabel schreibt: Eine Katze hatte sich in einen
hübschen Mann verliebt und bat Athene, sie solle
sie in eine Frau verwandeln und in dem spröden
Geliebten das Verlangen nach ihr wecken. Durch
die Huld der Göttin geschah, was jene wünschte.

Als aber eben die Hochzeit sein sollte, erblickte die Braut eine Maus, die aus ihrem Loch hervorsah, sie dachte nicht mehr an die Verheiratung und nahm wieder ihr gewohntes Wesen an: Die Katze war wieder Katze, lief der Maus nach (erwischte sie) und ließ die Hochzeit Hochzeit sein.

Die Fabel lehrt, finde ich, daß die Katze ihre Kultur nicht gegen eine fremde eintauscht. Wir sind nämlich total multikulti. Aber als wir. Insoweit ist obige Katzenhochzeit ohnehin ziemlich unglaubwürdig. Überdies: Welcher Geliebte würde uns gegenüber spröde sein. Und Athene – wer ist das überhaupt. Und so weiter und so weiter. Also, mir san mir, wie wir hierzulande sagen, und das bedeutet: Wir können Mäuse sogar im Traum jagen und fressen und uns in der Wirklichkeit den Schnurrbart lecken, weil wir die Traummaus tatsächlich schmecken. Soviel Spaß muß sein. Und was sollten wir da wohl von anderen lernen, annehmen? Na!

Wenn Gott Mensch werden konnte, kann er auch Katze werden, schrieb ein wirklicher Kenner. Ich gebe zu: Zwischen Katzengöttern und Götterkatzen mag es irgendeinen kleinen Unterschied geben. Aber in aller Bescheidenheit räume ich ein, daß man uns durchaus für göttlich halten muß. Um jedoch der Wahrheit die Ehre zu geben: Wir Katzen sind völlig außeresoterisch. Das ist eben das!

Der Thron im Empfangsraum des Victor Hugo

E igentlich erstaunt es nicht weiter, daß die Hervorbringungen der menschlichen Kulturgeschichte sich mehr oder minder ausschließlich um die Katze drehen. Aus der aberwitzigen Fülle an Fakten und Details - es ist mir schwergefallen - mußte ich einige wenige auswählen, die wichtigsten, typischen, erhellenden. Da Menschen einander über die Maßen gleichen, wird jeder bei sich zu Hause einen Zweibeiner vorfinden, der ähnlich denkt, der's ähnlich treibt, der vergleichbare Merkmale und Verhaltensmuster aufweist, wie, sagen wir, Jean Cocteau.

Ich meine, so arg was Besonderes stellt der Einzelmensch eben nicht dar. Seit jeher verherrlichte er uns in Kunst und Poesie, er verewigte uns in Stein, auf Leinwand und Papier, er goß uns in Töne - Quatsch, goß seine Bewunderung in Melodien und Klänge, bannte sein Staunen auf Zelluloid, sogar auf MAZ gibt's die Katz.

Ach ja, eh ich's vergesse, Jean Cocteau. Die In-

51

schrift, die seine Katze Mouche sich für ihr Hals-
band erwählte, hier natürlich übersetzt, lautete:
Jean Cocteau gehört mir. Diese Tatsache drückte
sich auch dadurch aus, daß Cocteau mindestens
einmal am Tag vor Mouche auf die Knie fiel. Klarer
Fall das, und für alle Male: Herrschaftszeiten.

Erinnern wir uns an die mythischen Ursprünge –
Katzen, die sich in Götter verwandeln, in Bastet,
wie erwähnt, später in Artemis und Diana zum Beispiel (was so ziemlich das gleiche ist), auch in
Apoll, wie Senecatz berichtet. Daß Mohammed ein
großer Katzenliebhaber war, habe ich bereits er-
zählt. Nicht aber, daß bei der Beweinung Buddhas
ein einziges Tier (neben der Schlange) aus dem
ewigen Kreislauf der Wiedergeburten herauser-
wählt wurde – na, wer wohl. Ein Privileg – und ein
Zeichen großer Vollkommenheit.

Da wirste doch zur Grinsekatze, ja, der aus dem
Wunderland, die so geheimnisvoll verschwinden
konnte und Alice foppte. Als eigentlich mediterra-
ne Wesen, möchte ich mal sagen, kamen wir gleich-
wohl in die nordischen Götterhimmel, als Katzen-
gespann etwa der schönen Freya und verantwort-
lich für den Regenbogen, bitteschön.

Ich muß zugeben, daß einige kluge Gedanken in
diesem Kapitel meine menschlichen Hausgenossen beigetragen haben – nicht kraft eigenen Ver-
standes (so weit ist es mit ihnen nicht her), son-

dern Dichter und Denker haben sie bemüht und mir bei deren Lektüre geholfen. Ich spreche in diesem Zusammenhang von Hausgenossen, was ja mehr ist als bloß das Personal. Soviel Lob muß sein. Wenn ich es mal in der Weise zusammenfassen soll: Alle Schreiberlinge dieser Welt – geradezu abhängig von einem gewissen Genius loci – haben mehr oder weniger den gleichen Satz geschrieben, der da, mit Dante, lauten könnte: Die Katze ist die Seele des Orts, wo ich hause.

Lediglich Voltaires Katze berichtet, daß der sie eher fürchtete, weil er ihr einen Einfluß direkt aus dem Himmel her zusprach, wobei ihm die Hölle doch eigentlich lieber gewesen wäre. Ein verwirrter Geist, der. Grad er hätt's doch wissen können. Doch blieb er eher skeptisch. Die anderen Dichter dagegen sind *aficionados* ihrer Katzen, also mehr als Fans, nämlich bedingungslose Verehrer, na klar. All diese anderen, die Mallarmé, Boccaccio und Thomas Morus, Tieck, Hoffmann, Goethe und wie sie noch alle heißen, haben die ehrfürchtigsten Dichtwerke über uns verfaßt. Und so sprechen wir merkwürdigerweise von der Katze Petrarcas, wohl wissend, daß die Besitzverhältnisse umgekehrt waren, denn die Katze machte, daß Petrarca Lust und Mut zum Schreiben gewann. Das hat Opitz bezeugt. Auch so 'n Poet. Und wenn Blaise Cendrars dichtete, saß meistens die Katze auf seiner Schulter.

Charles Baudelaire wußte über Katzen: Nachsinnend nehmen sie der Sphinxe edle Haltung, die dämmernd an dem Strand der tiefen Einsamkeiten endlose Träume dichten in lässiger Entfaltung. Um ihre Lenden irrt ein mystisches Gefunkel; und Stäubchen Goldes, die wie flüchtger Sand entgleiten, erstirnen in der Augen geheimnisklugem Dunkel. Ehrfürchtige Liebe, ich sag's ja.

Baudelaire bezeugte der Katze vielfachen Respekt – ihr Blick sei vergleichbar dem einer Frau: Gleich deinem, freundliches Tier, trifft wie ein Pfeil und ist tief und hell. Und an anderer Stelle schwärmt er:

Sie ist es, die zum Frieden weist; sie richtet, schlichtet und beseelt, wo immer sie die Herrschaft wählt: Als Gott, als Fee, als guter Geist. Tja, das sind mal Sätze!

Lessings Lieblingskatze lag immer auf dessen Schreibtisch, wenn er arbeitete, ohne sie kein Nathan und was nicht noch. Sogar Manuskripte habe sie auseinanderfieseln dürfen, heißt es, und ganze Passagen der Dramen umbauen ...

Was wäre aus Goethe ohne seine Katze geworden, in ihrem eigenen Buch berichtet sie von ihrer Mutter, der Pariser Schloßkatze, und ihrem Lieblingsaufenthalt im Nähkörbchen der Kaiserin Josephine und wie sie selbst im Bagagewagen des Napoleon höchstselbst, zwischen Bayonneschinken, luftgetrocknetem Fisch aus der Bretagne und frischen Würsten aus Lothringen, nach Weimar kam, zu Goethe eben und seiner herzigen Christiane. Da war das Mamsellchen noch nicht die Frau Geheimrat und die Katze ein koketter, netter Bettschatz. Und keine Madame de Staël empfand angesichts der rührenden Fürsorge Christianes für das Kätzchen igendwelche Anfechtungen, noch lästerte Frau von Stein mehr, ihr seien diese Verhältnisse zum Ekel. Gegen Katzen hatte selbst die nichts.

Ob der Dichterfürst selbst eine gute Beziehung zur Katze gehabt hat, oder ob er gar eifersüchtig war – darüber streiten bis heute die Germanisten. Jüngst raunten die Forscher, der Alte habe sie als Stubentiger (sic!) bezeichnet und gelegentlich mit Katz von Berlichingen angeredet.

Und so geht's weiter und weiter. Bin kein sittsam Bürgerkätzchen, nein, eine freie Katze bin ich, diktierte Mimi dem Dichter Heinrich Heine: Und ich singe, was ich fühle!

Berühmt sind auch die Katzen Weißling und Sauberschwarz, die Eduard Mörike in die Feder maunzten, bei ihnen im Stübchen sei es wie im Himmel. Wohlgemerkt: nicht *der*, sondern *wie im* … Und der nicht minder geachtete Hidigeigei, genannt

Pussikater, hieß den ehrbaren Josef Viktor von Scheffel im Trompeter von Säckingen das Lied singen (na ja, ein Scheffelvers): Menschentum ist ein Verkehrtes, Menschentum ist Ach und Krach.

Letzteres meint auch der Gestiefelte Kater des Ludwig Tieck – ein Theater, kann ich euch sagen: Kater Hinze wird ursprünglich als ein eher mageres Erbe gesehen, doch mit den ihm angemessenen Stiefeln und einigem Witz verhilft er seinem Gottlieb zu dringend benötigtem Königreich nebst schöngeistiger Prinzessin.

Oder betrachten wir Murr, den schriftstellernden Kater, der auf die Tatze nimmt, wie man sich zur großen Leuchte bildet. Kein Rezept? Auch Kapellmeister Kreisler weiß dem Kater keinen Bildungsrat. Da hilft kein Pudel Ponto, nicht die persönlichkeitsbildende Liebe zu Katze Miesmies, nein, Murr bleibt ein Biederkater, wie sein Herr Hoffman es ihm einträufelte.

Von wem soll ich euch noch berichten – von Hans Carossa vielleicht, der ein ganzes Gedicht auf seine Katze schrieb: Mahnst mich zu neuem Besinnen, du so gelassen und schön! … Wenn ich die Stirn dir berühre, fühl’ ich auf einmal den Mond. Wieder so einer, der’s irgendwie ahnt, unser Geheimnis.

Wo beginnen, wo enden. Meinen Sie Gottfried, zum Beispiel, sei unser Katzenpoet, der Benn, der das Wort Schmausen ethymologisch aufs Mäuse-

Genießen zurückführte, ha! Oder des Katzenlieb-
habers Wolfgang Borchert Stück *Draußen vor der
Tür*, in welchem er, der Titel sagt es schon, das Leid
all derer beklagte, die über keine eigene Katzen-
klappe verfügen.

Wie der Kater von Nick Barkow berichtet, könne
sein Hausgenosse ohne Kaviar und Wodka leben,
aber niemals ohne Katzen. Mein Existenzminimum
liegt bei fünf, habe der Mann gesagt. Eine andere
ließ über Peter Rühmkorf verlauten: Wir sind beide
Haustiere. Er arbeitet den ganzen Tag in der Wohnung, ich habe hier auch irgendwie zu tun, das
schafft dann ein Klima von wettbewerblicher Ko-
existenz. Und Michel Krügers Katze bekannte: Oft
behandelte ich ihn wie ein Kind.

Welche Namen noch nennen? Rilke, Kästner Erich, Uwe Johnson, Elke Heidenreich und ihren Nero Corleone – man müßte vielleicht einfach ein Literaturlexikon abschreiben.

Kein Wunder, daß das Literaturhaus-Café zu München sich Dukatz nennt – da hocken sie alle herum bis tief in die Nacht, sie munzen und maunzen und spreizen sich, die bessergestellten Katzenherrschaften, die Miezeria, so soll es sein. Die mit dem Tiger kosen. Es muß ja nicht jeder Katze gleich ge-

hen wie der Chanoine, die im Empfangsraum des
Victor Hugo über einen eigenen Thron verfügte.
Obwohl –

Den Zelebritäten ging es ja durchweg gut – ich
spreche von Katzen, wohlgemerkt, deren Hausgenossen eine gewisse Sensibilität und Beobach-
tungsgabe nicht gänzlich abgesprochen werden
kann. René Schickele etwa, der seinen Katzen
wahrhaft musikalische Sprünge bescheinigte. Dergleichen machen wir jetzt auch, denn neben all
den Wortklaubern und Sprachsängern waren es
immer wieder die Klangkünstler und Tonsetzer,
die, Hals über Kopf, ihren Katzen verfielen. Mozarts

Katzenduett, auch seine Kammerkätzchen sind ja
Legende. Wer aber weiß noch, welcher Konzertbe-
sucher denkt daran, daß Debussys Katzen ihm das
Katzenballett auf dem Flügel vorgeklimpert haben.
Den Ruhm heimst der Meister ein. Ungerecht ist
die Welt.

So auch bei Franz Liszt, der es selbst beschrieben
hat. Was da von kunstsinnigen Kritikern an den Un-
garischen Rhapsodien für furios gehalten wird, ist
Katzenmusik, ich sage euch, von Liszts Katzen tip-
selnd und tripselnd auf der Klaviatur ersonnen, erfunden, gewissermaßen vorkomponiert. Das ist
eben das. Und wer küßt uns?

Die bildenden Künstler vielleicht, ja, sie haben uns
seit alters verewigt, in den Höhlenmalereien, in
Felsen geritzt, dann in den Pharaonengräbern, be-
schworen auf Fresken, Mosaiken, auf Leinwand,
Papier. Schon im Paradies, wollen wir festhalten,
waren wir dabei, Dürer hat's gezeigt, zu Adams und
Evas Füßchen. Oder bei Bosch, im Garten der
Lüste, ha!

Keiner der Großen ohne Katze, seien's Modigliani
oder der Klee, der uns immer wieder pinselte,
schlafend im Himmel, Katzengötter oder Götterkatzen, ich sag's ja. Alle haben uns ihre Verehrung
dargebracht – Watteau, der uns in familiären Skiz-
zen seine Liebe erklärte, Manet im Mondlicht, uns,
in unserem Element, oder Bonnard, der sich mit

uns zu Tisch setzte, alle, alle, bis hin zu Gottfried Mind, dem Raphael der Katzen. Selbst Giacometti hat der seinen etwas mehr Fell mitgegeben als sonst seinen spirligen Figuren. Goya läßt Papst Gregor IX., der die Katzen verfluchte, unter ihren Krallen leiden (teuflisch, teuflisch). Georges Braques Katze durfte mit Pinsel lustige Farbtupfer auf seine Leinwände bringen, er hat sie selbst dabei gemalt. Keine Frage, erst so entstand Meisterschaft.

Und Picasso, ach Pablo, Pablito, er zeigt eine von uns bei einer tüchtigen Fischmahlzeit auf des Meisters höchsteigenem Mittagstisch. Picasso verstand etwas von Katzen. Sie sind die rücksichtsvollsten und aufmerksamsten Gesellschafter, die man sich wünschen kann. Hat er gesagt. Sogar nach der Fischtafelei.

Wen sollte ich weiterhin nennen, welche Schlagzeilen ersinnen. Alles Katzenwahrheiten: Intensiv leben mit James Dean, enigmatisch schnurren mit Madame Teissier, das *savoir vivre* lernen mit Georges Brassens und seinen brummkaterigen Liedern – *je m'en fou*. Und selbst eine berühmte Tänzerin, die Otéro, kam ohne Papagei, zwei Möpsen, einem Perlhuhn sowie vor allem ohne ihre siamesische Tempelkatze niemals ins Hotel Adlon. Edel geht die Welt ihren Weg.

Wie die Zeitschrift *Jocus* – das moderne Katzenmagazin – jüngst recherchiert hat (»Katzen, Katzen,

Katzen«), fand Abraham Lincoln nur dann in den
Schlaf, wenn seine Katzen in der Nähe waren. Zu
berichten wäre ferner von Pickles, der diensttuen-
den Katze im Tower zu London, oder von Tiger, der
die Druckmaschinen der *Times* bewachte. Wenn
nur genügend Platz wäre, hier!
Winston Churchills Lieblingskatze – ja, das noch –
hieß Nelson, war schwarz wie die Nacht. Und dann
lebten da noch zwei bei ihm mit Namen Albert Ein-

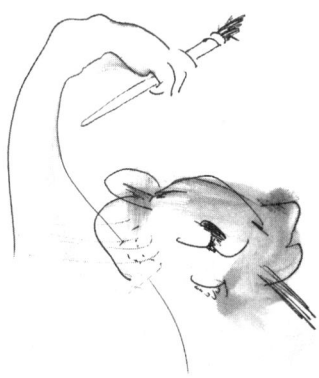

stein und Albert Schweitzer, beide getigert. Tja, so
kann's gehn. Wie hätte Tiervater Brehm das gefunden, zwei getigerte Alberts. Von dessen Sarg übrigens, so bezeugt es der Sohn, wollte seine Katze
nicht weichen, und die trug den Namen, der besser
dem Alten gebührte: Der Murrkater. Wo die Liebe
hinfällt.

Wir wollten in diesem Buch menschliche Un-
zulänglichkeiten verschweigen, wo es nur geht.
Nicht immer gelingt's. Denn nicht zu übersehen
ist, daß das ganze Buch naturgemäß ausschließlich
von katzenholden Zweibeinern handelt – was vor-
aussetzt, daß es auch Unholde gibt, o ja, und das
nicht zu knapp. Es lassen sich in der Geschichte einige äußerst verdächtige Personen ausmachen, die
Katzen wirklich nicht mochten (schwer vorstellbar, aber so was gibt's). Cäsar zum Beispiel, oder
Dschingis-Khan und Napoleon. Noch nicht genug?
Na denn: Stalin und Hitler. Diese Liste richtet sich
wohl von selbst. Noch immer nicht genug?

Echte Katzenhasser waren die Heinriche eins bis
sieben, die meisten Heinriche von Sachsen und
Bayern, bis auf Heinrich den Löwen. All die Heinriche von England einschließlich des achten, der ja

sogar ein stadtbekannter Menschenschinder und Frauenschlächter war, einige wenige der Heinriche von Frankreich, sodann Heinrich der Stolze, Heinrich der Fromme, Heinrich der Vogler sowie Heinrich von Maus. Sehr zu Recht schreibt da einer: Heinriche, mir graut's vor Euch.

Wenn man beachtet, daß auch Otto der Despot im Rahmen dieser schändlichen Auflistung genannt werden muß, so erkennt man zugleich darin einen der tieferen Gründe für die Katzenabneigung jener Herrscher: Was all diese selbstherrlichen Potentaten mit ihren eigenen Pfoten taten - sie duldeten niemals Herrschaft neben sich.

In Abgründe blickst du doch bei solchen Herrschaften. Allerorten entdeckst du solche Untiefen, sobald du aufs Reich der Menschen dich einläßt ...

Ich meine das durchaus wörtlich, denn tief in einer Art gemeinschaftlichem Unterbewußtsein müssen die Sprachbilder wurzeln, die ihnen im Zusammenhang mit Katzen einfielen. Sumpfblüten, wird man getrost sagen dürfen, weil die negativen Beiklänge völlig unüberhörbar sind, offenkundig, sie liegen auf der Pfote:

Da ist zunächst der gemeine Kater, der sich vielleicht noch durch das Verspeisen von sauren Fischköpfen vertreiben läßt. Dicht gefolgt aber vom Katzenjammer, der die ganze Seele mitbetrifft. Vorstellungsbilder des Elends. Was hat das mit uns zu tun? Von Katzenwäsche ist die Rede, wenn ein Mensch sich nur hui und pfui säubert – einmal in die Luft spucken und drunter durchlaufen … Ich frage abermals: Ist das etwa Katzensache? Gründlicher als wir putzt sich kein Mensch!

Und so findest du schiefe Bilder allüberall. Von Katzenmusik sprechen sie, wenn sie's eher blechern und schrill finden. Katzengold glänzt ihnen reichlich falsch. Und nicht gerade als festliche Haupttafel gilt ihnen der Katzentisch. Katzbalgen klingt ja noch nett, nach Frohsinn, wie's unsere Art, aber Katzbuckeln bedeutet ihnen gleichviel wie Augendienern, na, haben die eine Ahnung. Auch hierbei kaufen sie die Katze im Sack, das heißt, der Inhalt ist äußerst fragwürdig. Lassen sie aber die Katze aus dem Sack, dann waren sie zuvor hinterhältig oder sonstwie gemein – und plötzlich steht sie da, die angebliche Katze aus dem Sack und weiß nicht, wie ihr geschieht.

Wer hat wohl je gesehen, daß bei der Nacht alle Katzen grau seien? Dergleichen Metaphern sind samt und sonders für die Katz, hätte ich fast beinahe gesagt. Zu allem Überfluß bezeichnen sie ein Hauptinstrument ihrer Pädagogik, will sagen ihrer Erziehungsunfähigkeit, als Katzenkopf, ja, Kopfnüsse sind gemeint, ausgeteilt an Kinder. In ein nor-

males Katzenhirn (nicht zu verwechseln mit Spat-
zenhirn) paßt all das nicht hinein.

Richtiger wär's auch, es hieße *Wie ein Mensch* und
keinesfalls wie eine Katze um den heißen Brei …
Wir kommen nämlich stets zur Sache, und hier erst
recht.

Die vermurksten Sprachbilder, denk es her oder
hin, lassen sich zu schlechter Letzt nur durch Angst
erklären, was kann man wissen. Womöglich steckt,
nur einen Katzensprung entfernt, selbst im lie-
benswürdigsten Zweibeiner ebenfalls so 'n ver-
kappter Despot, der sich in Konkurrenz zur wah-
ren Herrschaft der Katzen sieht und diese tief in
sich ablehnt, indem er sie in seiner Alltagssprache
verächtlich zu machen sucht. Es gibt im menschlichen Leben, wie gesagt, Abgründe, in die man bes-

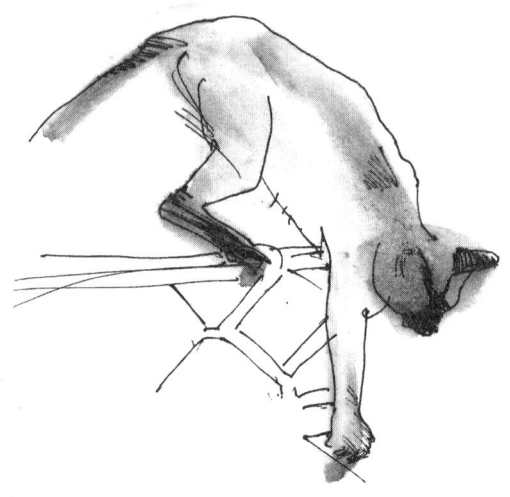

ser nicht hinabschauen sollte. Ja, so wird es sein: Es formulieren sich darin dunkel die kollektiven menschlichen Alpträume, und ihr Gegenstück hebt sich deutlicher ab – die heitere, heile Katzenwirklichkeit.

Jemand klettert wie eine Katze übers Dach, sagen Menschen, und sie meinen damit einen, der immer wieder auf die eigenen Füße fällt. Da haben wir das bessere Sinnbild!

Und das Motiv für all die zweibeinigen Wortverhunzungen: Neid. So nach dem Motto: Ich möchte einmal deine Katze sein, mein Mäuschen.

Sie sagen auch, ein Katzengebet geht nicht durch

die Wolken. Haben die eine Ahnung. Und: Was weiß die Katze vom Sonntag? Eben, eben, nämlich sprichwörtlich alles. Jeder Tag ist uns Sonntag, erinnert euch. Das ist der Tag, an dem sogar Gott ruhte (gar nicht auszudenken, was der sonst noch erfunden hätte). Und der Mensch sabbelt in seiner verrotteten Alltagssprache hirnlos daher - einen Alltag, den gibt es doch nicht. Das ist ja das!

Narziß...

DIE SELBSTVERWIRKLICHUNG ALS EINE

DER SCHÖNEREN KATZENKÜNSTE BETRACHTET

ine Katze ist eine Katze ist eine Katze. Doch jedes Menschenzeitalter glaubt uns jeweils neu entdecken zu müssen. Jetzt gerade wieder der Freizeitforscher Horst Opakatzki (ein wirklich typischer Menschenberuf). Eine neue Generation von Katzen wächst heran, sagt er, die wollen alles sehen, alles hören und alles erleben, sagt er, erlebnisintensiv sei das Zauberwort heute, sagt er, es gehe um das verdichtete Freizeiterlebnis im Erlebniszeitalter, sagt er, Träume und Phantasien würden endlich umgesetzt, auf die Qualität des Erlebnislebens komme es an, das sagt er, man jage nicht wie früher, sondern veranstalte ein Erlebnisjagen, nicht komme einfach Futter in den Napf, nein, Erlebnisfressen sei angesagt, sagt er wirklich, und zu guter Letzt werde nicht mehr simpel gestreichelt, geschnurrt, vielmehr werde ein Erlebnisschmusen vollzogen, Erlebnisschmusen, sagt er.

Gut, gut. Freilich ist nichts daran neu! Ja, schon, das goldene Selbst bringt's und bracht' es schon immer, denn die Lust ist Ursprung und Ziel des glücklichen Lebens, wie der Philosoph Epikatz (der liebte Milch, Mäuschen und Miaus!) sehr richtig bemerkte. Jeder solle zum Glück erwachen. Da hilft es nichts, wenn der eher sauertöpfische Politiker Wolfgang Kätzle über den heute so weit ausgebreiteten Lebensstil von Individualismus, Egoismus und Selbstverwirklichungsidealen wettert. Die wichtigste Maxime aller Lebewesen – die Kätzchengesellschaft hat es euch vorgemacht – heißt Autonomie: konsumfreudig, genußsüchtig und anspruchsvoll. Schafft zwei, drei, viele Whiskasteller, und Knobbis und Knuppis. Seid euch selbst ein Wohlgefallen, nur wer sich selbst liebt, vermag andere zu lieben (sehr wahr, Sigmund Katz!), und die Maus ist doch bloß 'ne Maus, zum Laufen geboren, zum Fressen bestellt.

Ich selbst bin ja auch der einzige Inhalt meines Buches. Jeder ist eine Diva. Was gibt es denn sonst? Kleine Tyrannen, höre ich da jemand flüstern? Leben à la carte? Ja eben, das Leben – ein einziger Saus und Erlebnisbraus, kann ich euch sagen, und, hoppla, erst komm' ich. Und das könnt ihr Menschen von uns lernen. Daß das mal klar ist.

Jedes Jahrhundert ist ein Jahrhundert der Katzen, aber das jetzt sich vollziehende *fin de siècle* besonders – warum?

Nun, das Gesamtkunstwerk Ich wird langsam auch von den Menschen entdeckt. Warum soll ein Raschelball oder ein Kratzbaum ein Kunstgegenstand sein, nicht aber unser Leben, fragte sich einst Michel Fouchat. Mittlerweile sind rund um den wohlfahrtsstaatlichen Globus alle Katzen damit beschäftigt, Lebenskünstler zu werden, zu bleiben, wenig Arbeit, aber tagein, tagaus beschäftigt, vielseitig, aber stur heil drauflos, sein Ich zu gestalten und voller Ideen. Doch mehr und mehr sogenannte Institutionen verweigern deren Realisierung. Die Welt wächst zusammen, hält zusammen, gegen dich. Also schmarotzen, wo's geht. Es dreht sich ja um deine Maßstäbe, den Rest läßt du weg. Magst Hofnarr sein, Vagabund, Playcat oder einfach nur Flaneur, Lebenskünstler allemalen.

Untadelig sei deine Toilette, des Tags und des Nachts, sei vor allem kreativ, betreibe den Kult deiner selbst, cool bis ans Herz hinan. Es gilt keine Moral, sondern der lebensästhetische Imperativ: Du sollst dein Leben nach einmaligen, nur für dich geltenden Maßstäben einrichten, oder du wirst in der Hölle des Spießertums hier auf Erden schmoren. Keine Seelsorge mehr, nur noch Selbstsorge.

Alles dient der Ausgestaltung deiner Biographie. Das ganze Leben ist deine Kostümkammer, sei originell, besser authentisch, niemals trivial, erprobe die Vielheit deines Ichs auf der Bühne der Welt. Ich spreche von Katzen, wovon sonst.

Authentisch leben heißt nämlich das allerneueste Zauberwort, neun Leben für die Ich-Stärke. Bring dich ein, du, wenigstens ein Stück weit. Nix da mit Anpassung und sich arrangieren, und Unterordnung schon gleich gar nicht, außer die des anderen! Die Katze ist der personifizierte Freiheitswille, merkt euch das gefälligst.

Und jetzt rede ich mal von den Menschen. Was brauchen die? Richtig: Selbstbegeisterungsseminare. Das nenne ich mal angewandte Katzenpsychologie. Mental im Plus bleiben. Die Anteile der verschütteten Persönlichkeit revitalisieren. Nein, wir Katzen benötigen dergleichen natürlich nicht – wir finden uns von allein gut und müssen uns das nicht täglich, stündlich vorschnurren lassen. Obwohl – schaden kann's nie …

Nichts freilich liegt Katzen ferner als Eitelkeit, Bewußtheit, Gefallsucht. Wir leben wirklich wie in einem großen Kramladen, in dem wir uns jeweils das unterhaltendste Spielzeug aussuchen. Denn wir hausen in unserer Welt wie in einer, in der es nur lauter Katzen gäbe. Stimmt ja auch, weil Katzen das Unveränderbare lieben. Sie selbst sind unveränderbar. (Zugegeben, diese obgleich sehr klugen Sätze sind dennoch nicht von mir, alles was recht ist.)

Ich möchte nicht zuviel verraten, aber Katzen bekennen sich zu einem klaren *Vielleicht*, wenn es sich um die Wünsche anderer handelt. Respektiert man einen verbotenen Schlafplatz oder nicht? Kommt man, wenn man gerufen wird? Tja, vielleicht.

Wenn es dagegen um wirklich Wichtiges geht, um eine ganz bestimmte Speise zum Beispiel, um gewisse Spiele, zu öffnende Fenster und Türen – da gilt nur eins: Ichwillichwillichwillichwill! Und das tunlichst sofort. Ein Muß.

Und wie erreicht man das? Bißchen herzerreißendes Schreien. Stehlen. Kratzen an edleren Möbeln oder Gegenständen. Kühlschranktür anhimmeln. Sonstwie tricksen (*alles* soll nun doch nicht verraten werden). Einwände und Widerstände in jedem Fall wegschmusen. Ja, so könnte es klappen.

Mit einem anderen Wort: Ehre das Lustprinzip. Kratz- und Schlafbäume und allerlei Katzenmöbel sind ja ganz schön, doch besser, sagen wir stilvoller

ist natürlich die Louis-Seize-Recamière. Soviel Spaß
muß sein.

Was, beispielsweise, vertreibt deine Einsamkeit?
Eindeutige Gefühle. Wirklich fordernde Gegenwart.
Unbestechlichkeit. Und nicht hadern mit dem anderen. Letzteres gilt nun für beide Seiten, wenn ich
das mal so formulieren darf. Etwas Respekt. Nicht
solche leichtfertigen, haltlosen und konfusen Herz-
lichkeiten, wie's Menschenart. Ich bitte doch sehr,
auch Zärtlichkeit braucht Bedacht. Wir werden ja
nicht gestreichelt, sondern wir streicheln uns an
den Menschen, das hat schon Baudelaire klar gesehen.

Menschen sind angepaßt und wenig individuell.

Obwohl sie oder gar weil sie ein erdrückendes
Über-Ich mit sich herumschleppen, erklären sie
den kleinsten Maunzer gleich zu einem Trend, ja,
das ist *trendy*, das ist *lifestyle*, um mich mal in neu-
modischem Gelall zu üben. Und wo gucken sie's
ab, die Imagineere (noch mal so 'n toller Menschenberuf)? Von uns. So wurden wir Trendsetter.
Die Verbesserung des Lebensstandards als wichtig-
stes Lebensziel.

Mit dem *Cocooning* begann alles, also dieses Sich-
Einspinnen und -Verschanzen in den eigenen vier
Wänden, das als bedeutendsten Nebentrend die
Neue Kuscheligkeit im Schlepptau hatte. Dann
kam das *Snoozing*, die Ganz Neue Nickerchen-

Halte, oder wie soll ich das mal ausdrücken. Alles in allem drehte sich's lediglich um die gute alte *Wellneß*, laß es dir gutgehn, alles, was dir wohl tut, frommt dir, bekommt dir und kommt dir auch zu. Aber Trends? Sind mit ihrer Benennung ja schon veraltet – alte Hüte, Ladenhüter, sag' ich! Das Neueste vom Neuen ist unser altes Spiel: *Fawning, Spooning, Flattering* – ihr werdet demnächst davon hören. *Coaxing, Cajoling* und *Purring*. Was das alles bedeutet? Schaut halt selber nach, im Großen Wörterbuch der Katzen oder wo, danach werdet ihr sehen, verstehen: Es handelt sich um reinstes Katzengold. Wir sind der Trend.

Folgerichtig streifen wir jetzt haarscharf an einem Thema vorbei, das selbst eine soignierte Katzendame wie ich mal in die Pfoten nehmen muß. Gelegenheit macht bekanntlich Diebe, leider zuweilen auch Hiebe, aber immer Triebe, wenn nicht gar Liebe. Und ewig heißt es, daß Katzenwollust mit größerer Lautstärke einhergehe. Bei Nacht sind alle Katzen – ganz genau, es ist der Mensch, der da wollüstig in die Nacht lauscht, dort draußen faucht sich wer mit wem an. Und quäkt und grollt. Dann schüttelt der Mensch den Kopf und findet, die treiben's mal wieder. Denkste. Es sind einander fremde Kater, die sich da ein wenig aufmandeln und nur bei ihrer ersten Begegnung solchen Höllen-

lärm veranstalten. Warum soll man nicht feiern,
wenn man einander kennenlernt.

Lust ist uns, wie's ganze Leben, ein schönes Spiel,
bißchen mit Anschleichen und nicht so direkt
drauflos. Und die Kater haben sich da an ein paar
Regeln zu halten, immer schön abwarten bitte, das
Spiel bestimmen wir Katzen. Im Kater Unser, einem unserer sehr irdischen Katzengebete, lautet
eine Passage: Und verführe mich mitten in der Versuchung, hihi, und deine Versuchung bin nun mal
ich.

Warum soll eine rollige Katze sich anstellen, wie
manche Menschenfrauen? Nein, nur kein Scham-
gefühl, wenn man seine Reize spielen lassen kann.
Ich bin rollig, ist das nicht drollig?

Zehn Erfolgsrezepte für die verführerische Katze
lasen wir jüngst, eine Art Countdown:

10. Bewahren Sie Ihre kleinen Geheimnisse
 9. Fesseln Sie ihn mit Magie
 8. Täuschen Sie Leidenschaft nötigenfalls vor (?)
 7. Seien Sie schamlos
 6. Liefern Sie sich ihm aus
 5. Schaffen Sie sich einen Liebestempel (???)
 4. Verwandeln Sie sich in ein erotisches
    Kunstwerk
 3. Seien Sie sanft und nachgiebig beim Sex
 2. Reden Sie möglichst wenig
 1. Unterdrücken Sie Ihre Mütterlichkeit (??)

Quelle? Na, *Elle* 9/97. Waass? Meine Güte, dann war das womöglich doch ein Menschinnen-Rat? Kam mir gleich so komisch vor und paßt eigentlich gar nicht. Hm, aber immerhin folgte daraus die Einsicht: Liebe Damen, seien Sie eine Katze - soviel Spaß muß sein.

Und für die Herren fiele ebenfalls eine Erkenntnis ab? Na, ich weiß nicht, so ein Kater ist schon ein Doller. Bis zu zehnmal in der Stunde will er es ganz genau wissen, jeweils fünf bis zehn Sekunden lang. Danach, wenn sie sich nicht noch einen oder zwei andere Kater ausgeguckt hat, reibt sich die Katze Nase und Schnäuzchen, rollt noch einige Male, und

dann kriegt der Kater Prügel, oder sagen wir lieber
einige wenige zartere Backenstreiche: So, nun ist's
genug.

Es dreht sich ja immer um die gleiche, uralte Sache.
Das Thema Emanzipation und dergleichen ist vielleicht was für Menschen – obwohl ich auch da
meine Zweifel habe, wenn ich mir solche *Elle*-Ka-
taloge anschaue. Alles muß bei Zweibeinern durchs
Hirn. Wir dagegen lieben in jeder Hinsicht bedin-
gungslos.

Und allgemein: Wer die Macht hat, gebraucht sie.
Drum keine charakterschwächenden Anfälle, bitte!

Gewissenswürmer und Mitleidsmaden schmecken nicht. Der Mensch, hat ein ganz kluger Pablo geschrieben, der Mensch möchte Fisch sein und Vogel, die Schlange möchte gern Flügel haben, der Hund ist ein irregeleitetes Pferd, der Ingenieur möchte Dichter sein, die Fliege studiert Schwalbenflug, der Dichter trachtet, die Fliege nachzuahmen – die Katze aber will nichts als Katze sein. Mensch, das ist eben das!

... und Schleckermaul

Ein angemessen gesättigter Bauch stellt die Voraussetzung dar für vieles im Leben - für eine blühende Denktätigkeit ebenso wie für angenehm entspannte Träume. Schnöder Hunger dagegen ist einer eher pessimistischen Weltanschauung förderlich.

Wenn dein Magen knurrt, hörst du womöglich noch, wenn jemand mit Gabel und Speisenapf hantiert - aber sonst keinerlei Geräusche mehr, geschweige denn Zwischentöne. Überdies könnte, wenn er das richtig macht, so 'n Zweibeiner durch richtiges Servieren und dadurch, daß er das Richtige serviert, dir zu gewissen Annäherungen an Vorformen des Glücks verhelfen.

Ich nehme nicht Anstand zu behaupten, daß es ungleich mehr darauf ankommt, alle Tage des Jahres ein hinreichendes, reinliches, einladendes Mahl zu haben, als von Zeit zu Zeit ein prachtvolles und reiches Festtagsangebot. Denn mag es auch genußvoll und dienlich sein, hin und wieder reichliche Schmäuse zu zelebrieren und sich der Freude über das gewöhnliche Maß hinaus hinzugeben, so sind es doch die regelmäßigen täglichen Mahlzeiten, welche wahrhaft ernähren und beleben, die Kräfte ersetzen und aufrichten.

Daher sei man immer darauf bedacht, die wohlfeilsten und zuträglichsten Nahrungsmittel in ihrer einfachsten Bereitung zu loben und lieber eine Leckerei oder Seltenheit zu übergehen als eine gewöhnliche Haus- und Landesspeise.

Wer nun meinen Geist recht erfaßt hat, dem wird es im ganzen Lauf des Jahres nicht an mancherlei Speisen fehlen, welche auch da, wo dem Überfluß entsagt werden muß, den Tisch hinreichend und ergötzlich besetzen.

Man vermeide den Kampf des Geizes mit der Übersättigung; als einzige Regel, ja geradezu als Kochanleitung gilt der Satz: Vermische Nützlichkeit mit Anmut.

Essen ist schließlich ein Stückchen Kultur, abhold der Gier oder simpler Sättigung. Und schnell hast du dir eine coole Wampe angefuttert. Es geht vielmehr um Lustvergnügen! Eine Katze von Welt nimmt daher die Nahrung nur mit ruhiger Überlegung entgegen, behutsam, nachdenklich. Und schaut jemand, Zwei- oder Vierbein, allzu neugierig zu, kehrt sie ihm gern den Rücken. Auch, wenn mal wieder das Falsche auf dem Teller liegt. Oder einem jeden Tag der gleiche Fraß hingeknallt wird. Ich nenne das lieblos, jawohl. Schließlich macht

Kreativität das Leben reicher, und das gilt für den gesamten Seelenmagen. Kann man das vielleicht trennen? Na also.

Der Beruf des Mäusefangens ist manchen peinlich. Oder zu mühsam. Manchem gebricht's an den Möglichkeiten. Leicht wird man bequem und nimmt beliebiges Futter – das Wort allein beschreibt das Problem, das Ausmaß denkbaren Leides. Entweder du kriegst es erst gar nicht rein oder runter, schon der Geruch ... Oder dir ist alles egal, und du wirst fett wie ein Garfield.

Einige Menschen geben sich ja direkt Mühe mit komplizierteren Frischfleischzubereitungen. Die anderen begnügen sich damit, eine Sache *praktisch* zu finden, und das bedeutet dann Trockenfutter, Dosenfutter, Trockenfutter zum Anrühren, Hartfutter, Weichfutter, Halbweichfutter mit Magnesium angereichert, biologisch-dynamisches Futter, ohne Farbstoffe, ohne Konservierungsmittel, mit pflanzlichen und mit tierischen Fetten, Kraftfutter, Diätfutter, kalorien- und salzarm, ohne Fisch, mit Rind, ohne Lamm, mit Geflügel und was nicht noch mit und ohne.

Man berücksichtigt heutzutage, denn Gesundheit und Wohlergehen hängen damit zusammen, ernährungswissenschaftliche Aspekte, richtig nett. Aber find' sich mal jemand zurecht in den Regalen der Supermärkte. Und erst die Ernährungsleitfäden, sie sind über die Maßen verwirrend. Die Zeit, die das kostet, verbringe man lieber am Herd …

Einige Grundtatsachen gefällig? Achtzig Prozent tierisches Eiweiß sollen's sein. Fleisch also, nicht ausgesucht fettarm - bis vierzig Prozent Fett ist gar nicht schlecht. Ein Hauch Salz dazu - fertig. Aber liebevoll zubereitet. Nicht immer nur Leber - mag der Volksmund sie selbst in sich hineinstopfen. Nicht einseitig eben. Abwechslung macht das Le-

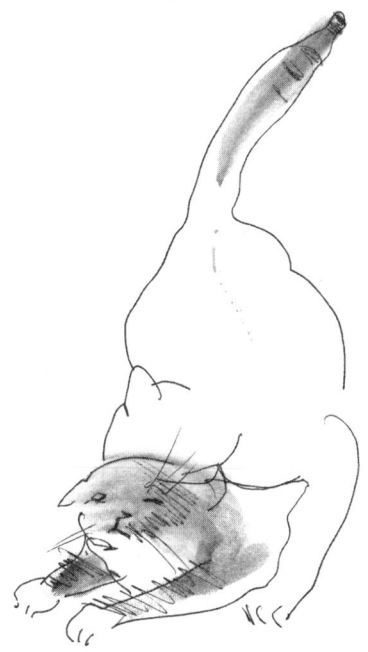

ben süß und ist überdies die beste Garantie dafür, daß man eine ausgewogene, eine insgesamt gesunde Ernährung genießt.

Genießt, sage ich, und dazu zähle ich gleichermaßen, daß verschiedene Geschmackssorten gereicht werden. Wenn man sich diesbezüglich schon gänzlich vom Menschen abhängig macht, sollte der wirklich darauf achten, daß die Speisen (ich hoffe, es handelt sich um solche) alle Nährstoffe in zueinander passenden Mengen enthalten.

Stellt euch bloß mal, so einfach wär's, Leute, eine Maus vor, oder drei, vier, das Natürlichste von der Welt, da sind Muskelfleisch, Fett, Knöchelchen und Knörpelchen, Innereien und was nicht noch, dazu jede Menge Ballaststoffe, ob du das Mäuseschwänzchen nun dazurechnest oder nicht. Das ganze roh, aber körperwarm – so 'ne Maus wohnt ja nicht gerade im Kühlschrank. Tja, so könnt's gehen.

Und da ich schon dabei bin: Die meisten unterliegen dem Irrtum, man solle uns die Milch verwässern. Aber Katzenmuttermilch ist fett, also rein mit

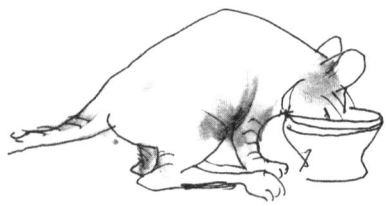

der Sahne in die Milch, ein Viertel der Menge! Normalerweise tut's natürlich Wasser, für erwachsene Katzen allemal.

Katzengras, ja, das müßte auch nicht unbedingt fehlen, weil du dir beim Putzen nach dem Verputzen jede Menge Haare mit reinziehst, auch so 'n Mausefell kann dir leicht mal auf den Magen schlagen. Da hilft dir das Gras für eine Art, ich will mal sagen, Gewölle.

Den ganzen Rest, den lebt ihr einfach. Besprecht euch halt mit eurer Katze, ihr Menschen. Wahre Kultur muß sich in allen kätzischen Handlungen, selbst in den gewöhnlichsten Obliegenheiten des alltäglichen Lebens äußern. Die Kunst will erlernt werden, sein materielles Dasein mit erlesenem Geschmack auszubauen. Und dazu gehört heute die frische regionale Katzenküche – die Zeiten, da man drei Butterböhnchen naschte, West-Südwest auf dem Teller, mit einem Scheibchen Flugentenbrustfilet an Mäusejus, diese Zeiten sind vorbei.

Doch nehmt nicht alles gar so genau. Keine Essensreste vom Menschen? Kommt doch sehr darauf an. Scharfe Gewürze sind, wie der Name schon sagt, nicht das Gelbe vom Ei. Aber das Gelbe vom Ei selbst, ein Wurstzipfel oder ein Fieselknorpel haben noch keiner Katze je geschadet. Gaumenfreuden sind ja vornehmlich Seelenfreuden. Ausschlaggebend, wie sonst im Leben: das Maß, die Vernunft.

Ein Häppchen in Ehren kann niemand verwehren, wenn sonst die Speisekarte ordentlich gearbeitet ist.

Und das Betteln, übrigens, ist doch nur ein Spiel, es sind die Menschen, die das größte Vergnügen daran haben. Du dankst ihnen das Fischfetzchen mit leuchtenden Augen, Geschnurr, klar. Doch ein klein wenig soll da eine Unsicherheit bleiben, die Achtung. Ich meine, niemals darf der Mensch die Gewißheit haben, daß der Hausfrieden ein für allemal gesichert sei, das macht ihn achtlos, auf die Dauer fühllos. Und wenn der Segen im Haus in jeder Sekunde neu hergestellt werden muß, fällt auch viel eher mal, na ja, ein Eckchen Käse ab, vom Innenteil, nicht vom Rand, versteht sich.

Willst du lange leben gesund, speise wie eine Katze und sauf wie 'n Hund. Diese altüberlieferte Katzenweisheit gerät gern in Vergessenheit. Tier ist Tier, finden denn auch viele und schütten uns irgendwas in den Napf, grad wie 'nem x-beliebigen Köter, als sei Freßgier eine Selbstverständlichkeit oder gar eine Tugend. Es schmeckt dem Menschen, wenn's dem Tiere schmeckt. Daß einer mal schnäubig ist, kommt in diesem Weltbild nicht vor. Ist aber Kultur.

Der Hund, hat einer mal geschrieben, frißt immer ein wenig mit den Händen. Die Katze hingegen, in

ihrem eigenen Stil, ißt nur mit Messer und Gabel
und vorgeknöpfter Serviette. O bedenket das. Aber
mißversteht es nicht.

Alle Jahre wieder meint man es besonders gut mit
uns, im Frühjahr kommt die Mai-Mahlzeit, zu Weih-
nachten das Festtagsmenü auf den Markt, mein lieber, Sheba, jeder Tag sei Festtag, *ist* Festtag, und was
soll mir der Maisalat, den du als Grünzeug auf den
Teller drapiert bekommst – igittegatt. Handelt es
sich beim Petersiliensträußchen nun um Garnitur,
oder ist es das Hauptgericht? Ißt man es also mit
oder läßt man es vornehm liegen? Das sind eben
die Fragen. Man will ja nicht undankbar erscheinen
und keinesfalls unfein. Alles Whiskas oder was?
Katzen, das sage ich aus reiner Seele, Katzen würden Roastbeef kaufen!

Nebenbei bemerkt, hilft keine pompöse Benamsung dem Ordinärfutter auf, wie *Platon* und *Cesar* für kleine Hunde – wie wär's denn mit *Cato* für Katzen, na, es müßt' schon was Besonderes sein, echt philosophische Kraftnahrung …

Und da wir gerade dabei sind: Freßmarotten, will sagen die ausschließliche Begeisterung für zum Beispiel Zickleinbraten, Lachscarpaccio oder dergleichen, entsteht keinesfalls durch »Verwöhnen« – da soll sich der Mensch mal keine Sorgen machen (Verwöhnen ist immer gut, außer man ernährt dich falsch oder mangelhaft). Die tatsächlichen Vorlieben einer Katze liegen schon mit der dritten bis achten Lebenswoche fest. Wer bloß Soja, Makrelenköppe und Reis kennt, dem wird's auch weiterhin munden.

Meist läßt die Kultur, ich sag's ja, zu wünschen übrig. Von wegen »Miezmiez« und Zungenschnalzen, egal, was im Topf – man kommt doch lieber getrippelt, wenn man mit »Ihrognaden« oder ähnlichem angeredet wird, kleiner Diener noch, Hofknicks, zu Diensten und so weiter. Soviel Stil muß sein. Und die Speisenfolge entsprechend. Bitte ein wenig mehr Einfallsreichtum!

Paar Tips gefällig? Kulinarische Genüsse für Kenner? Bittesehr, gern geschehn:

Wie wär' es denn, zur Abwechslung vom Einerlei der Festtagsmenüs, mit *souris au lait*, zungen-

warm serviert, oder, einfacher, einem *Mäuse-Ra-
gout-fin im Pastetchenrock*. Aufwendiger womöglich ein *Topolino naturale an Piepmatz-Haschee*
– und nicht vergessen: *al dente*. In der Not frißt
die Katze eine *Plat de poisson au Père André*, keinesfalls zu verwechseln mit den erwähnten Fischköpfen. Ein Stückchen von jedem und allem, etwa
Babybutt-Filetspitzen, Bäckchen von der Regen-
bogenforelle, Lachsstremel und ein tüchtiges Stück
Dorschleber dazu, alles fangfrisch, nicht tiefge-
kühlt…

Ich verliere mich, gerate ins Schwärmen, denn bei
mir zu Hause, also mein Personal, ich will mal
sagen, sie geben sich Mühe. Wahrlich, nicht alles
gelingt. So konnte ich ihnen immer noch nicht
beibringen, hin und wieder eine Sushi-Bar aufzu-
bauen, die Stäbchen und Sößchen sollen sie ruhig
weglassen, soviel Mühe muß gar nicht sein. Das
wär mal Lifestyle. Lebensart eben. Doch möchte
ich nicht klagen. Was kann man erwarten.

Denn, hat mal einer gesagt, im Gegensatz zu allen anderen Tieren, denen der Mensch nichts ohne Gegendienst gewährt, verlangen und erhalten wir Katzen alles unentgeltlich und ohne zu einer Gegenleistung für dergleichen Wohltaten verpflichtet zu sein. Das ist eben das. So funktioniert echte Partnerschaft. Dafür umschnurren wir euch gelegentlich. Was wollt ihr mehr.

Der Kater mit Büro

UND ANDERE WICHTIGE

PERSÖNLICHKEITEN

S eit jeher haben Menschen gerätselt, was es auf sich habe damit, daß Katzen von weit her nach Hause finden. Trauen uns nicht zu, was ein einfacher Hund kann, so 'n Collie oder was, das schaffen wir allemal, aber lässig. Ja, ist das Zuhause in Ordnung, kommen Katzen auch von über zwanzig Kilometer sicher heim ins eigene Reich, wie mit 'nem Kompaß, bis zweitausend Kilometer sollen es schon gewesen sein - in Amerika, wo ja bekanntlich alles ein wenig größer ist.

Wie kann das bloß angehn? Geomagnetische Felder? fragte man sich. Sternformationen? Wind, Wetter und Luft? Navigation mit Hilfe der Vegetation? Vogelzugmäßig? Oder doch Besenritte? Püh! Immer den Mäusen nach? So denken nur Menschen. Im Mittelpunkt des Lebens einer Katze stehe immer das Haus, nicht der Mensch? Auch eine abgelatschte Zweibeinerweisheit. Denn es ist sehr wohl bewiesen, daß Katzen, umgekehrt, ihr Haus verlassen, um ihren Schutzbefohlenen, ihren Menschen, meine ich, zu finden.

Muß man wirklich alles begründen? Alles erfor-

93

schen, alles wissen? Warum nicht einfach die Fakten nehmen, das alltägliche Wunder annehmen, für übersinnlich halten, was da geschieht. Denn *cat news* sind immer *good news*. Nette Katzennachrichten also, oha, wir sind international: Cat's Net News (CNN), in eigenen und in Korrespondentenberichten.

● *Göteborg.* Schwedische Hauskatze macht beim Telefonsex mit – jedenfalls begründet der achtzigjährige Großvater Gunnar Lundholm, dessen Rechnungen normalerweise bei vierhundert Kronen liegen, die ungeahnte Steigerung auf fünftausend Kronen der Gesellschaft Telia gegenüber mit dem schönen Satz: Da kann höchstens un-

sere Katze telefoniert haben. Wie aus gewöhnlich
gut unterrichteten Kreisen verlautet, mußte die
Katze sich in jedem Fall eine gewaltig laute
schwedische Gardinenpredigt anhören.

- *Bangkok.* Der Bräutigam Phet kam im Rolls-Royce,
die Braut Ploy im Hubschrauber. Das Paar: Katz
und Kater, die beide als leicht verwildert beschrieben werden. Trauzeuge war ein Papagei.
Kosten der Hochzeit umgerechnet sechstausend
Mark, richtig mit Frack und Brautkleid. Die Mit-
gift der Braut betrug neunzigtausend Mark. Ver-
anstalter war der Kosmetikkonzern Vicharn Jarat-
Archa, ja, ja. Gespielt wurde übrigens »Memories«
aus dem Musical *Cats*.

- *Seattle.* Noch besser traf es den weißen Siamkater Tinker. Von seiner Aufwartefrau Ann Morgan
erbte er als deren, so wörtlich, bester Freund und
Gesellschafter knapp neunhunderttausend Mark.
Die Wohnung darf er behalten. Wie man hört, gab
es zahlreiche Bewerbungen von lauter uneigen-
nützigen Menschen, die sich aus reinster Katzen-
liebe um Tinker kümmern wollen.

- *Hallendale.* Kater Sam dagegen kostete schon
hunderttausend Mark an Anwaltskosten. Der drei-
jährige Sam hatte Dutzende anderer Katzen in
seine Wohnanlage gelockt. Seither streiten die
menschlichen Insassen um die Kosten für den
Nachwuchs.

● *Eisenach.* Mit der liebevollen, ja christlichen Begründung, Benennungen machten Tiere und Menschen zu einzigartigen Geschöpfen, taufte der evangelische Pfarrer Matthias Pöhlmann zwei Katzen. Es ist nicht bekannt, auf welche Namen – nur daß er nun sein Amt los ist, denn die Landeskirche von Thüringen hat ihn entlassen.

● *Austin/Texas.* Kater Rex feierte seinen einunddreißigsten Geburtstag. Auf die Frage, was ihn so fit gehalten habe, antwortete er schläfrig: Brokkoli, Kaffee mit Sahne, Eier und Speck. Und vor allem: *No mouses.* Von Kätzinnen hält er nicht mehr viel. Die wollen mir immer an den Speck, murrte er.

- *München.* In einer Schwabinger Wohnung ver-
schwanden immer wieder Wurst- und Schinken-
scheiben vom Frühstückstisch. Niemand konnte
sich das erklären. Siamkater Chedi behauptete
blauäugig, er könne es nicht gewesen sein, denn
ihn interessierten derlei ordinäre Speisen nicht.
Er sei gegen Wurst sogar allergisch. Die einge-
schaltete Kriminalpolizei ermittelt nun fieber-
haft die rätselhaften Vorkommnisse.

- *Wenatchee/Washington.* Theo Theoklitos heißt
eine schwarze Katzendame, die an einer Werbe-
aktion für Katzenfutter teilgenommen hatte. Seither erhält sie massenweise Post – Bestellformu-
lare für Kreditkarten, Einladungen zu noblen
Cluberöffnungen, Gratisteilnahmekarten für
Pferdewetten und jede Menge Bettelbriefe. Deren Schreiber halten Theo für einen griechischen
Reeder …

- *Neuseeland.* Kater Maurice als Fetischist für Des-
sous entlarvt. Wie die *Evening Post* berichtet,
bringt Maurice vor allem Hemdchen und Büsten-
halter nach Hause. Die Dame Helen L. und ihr
Mann sind schon völlig entnervt. Herr L., über den
in diesem Zusammenhang in der Nachbarschaft
getuschelt wird, verlor mittlerweile seinen Job.

- *Savona/Italien.* Zweihundert Kilometer mar-
schierte ein Kätzchen von Cuneo nach Toirano.
Es war versehentlich im Klavier dorthin trans-

portiert worden. Musikalisch soll die Reise auch gute Folgen gehabt haben. Das Lied »Alle meine Mäuschen« kann sie bereits vierpfötig auf der Klaviatur trippeln.

- *Memmingen/Berlin.* Einmal Urlaub machen, einmal die Welt sehen – diesen Traum hat Moritz aus Memmingen sich erfüllt. Im November zog es ihn fort von seiner bayerischen Heimatstadt, nichts konnte den lebenslustigen Vierbeiner halten. Der Kater machte sich auf die Pfoten. Jetzt, neun Monate später, tauchte er wieder auf – in Berlin. Daß es sich bei ihm um den Memminger Kater handelt, hätte niemand vermutet. Nur aufgrund eines implantierten Mikrochips konnte die Identität des Tieres festgestellt werden. Gestern brachte ihn Carola Ruff vom Berliner Tierheim Lankwitz zum Flughafen Tegel – den Rückweg mußte Moritz nicht laufen. (AZ)

Tja, alle wollen in die Hauptstadt, Stadtluft macht frei, wenn du ungebunden bist, ohne moralische Pflichten, falls es die überhaupt gibt. Kannst rumlungern, wo du magst, bist immer unter Gleichgesinnten, Kumpanen, unter Freunden. An Orten, die du dir wirklich allein auszusuchen vermagst, idyllischen Plätzen.

Dazu kommt: Überall, wo Katzen frei leben, sei es auf den Friedhöfen von Paris, dem Montmartre zum Beispiel und dem Père-Lachaise, sei es in Rom, im Pantheon und auf dem Forum Romanum, oder in Venedig auf all dem Gesimse, Marmor, schön warm in der Sonne, überall, will ich sagen, von London bis New York und noch zweimal rund um den Globus, finden sich Menschen ein, Bewunderer, ja demütige Pilger, und nicht nur alte, die ihre Opfergaben darreichen, Hühnerpatten oder Feineres, Hackfleisch und Gulasch mit Nudeln, mit Spätzle,

ha! Ein Schwätzchen gefällig, eine kleine Streichel-
einheit, geben und nehmen, *das* nenne ich Symbio-
se. Und da bist du noch wer, besitzt deine Würde.
Unter all den Katzen der Welt habe ich mich um-
gehört. Habe Feldforschung betrieben, Wald- und
Wiesenforschung dazu. Über den Müßiggang als
den Beginn aller Katzenseligkeit und über die
Selbstverwirklichung als eine der schöneren Kat-
zenkünste habe ich ausführlich berichtet. Auch
gezielte Befragungen zeitigten interessante Ergeb-
nisse.
So hat die Katze, der Stephen Baker gehört, empirisch und experimentell herausgefunden, daß in
den meisten Betten bis zu sechs Katzen Platz finden. Ohne den angeblich legitimen Besitzer bis zu
zehn.
Statt aber weiteres trockenes, statistisches Material
hier darzubringen, ziehe ich es vor, aus den kom-
mentierenden und resümierenden Antworten auf
meinen Fragebogen zu zitieren, insbesondere aus
denen von Gaunerle und Pfötchen, die mit ihrer
Aufwartefrau Marianne B. in München-Bogenhau-
sen leben, einem der edleren Katzenviertel der
Stadt.
Meine Frage, welches der schönste Platz in der
Wohnung sei, beantworteten Gaunerle und Pfötchen damit, wie man sich *überhaupt* eine katzen-
gerechte Wohnung vorzustellen habe. Mit herab-

hängenden Tapeten nämlich, geschlitzten Gardinen, mit Bällen und Fellmäusen, die überall am Boden herumliegen – sowie einem von uns belegten Sofa, auf dem wir uns ganz lang und ganz breit machen, wenn unsere Haushälterin sich dort niederlassen will. Wenn es ihr dann gelingt, weit am Rande draußen mit der Zeitung Platz zu nehmen, zerfleischen wir den Nachrichtenteil und fläzen uns, wie's sein soll, gemütlich aufs Feuilleton. Soweit ein kurzer Lagebericht zum Problem: Wem gehört die Wohnung.

Und der Lieblingsplatz selbst? Die beiden munteren Kätzchen ließen mich wissen: Hier steht eine feine Kommode, bestehend aus mehreren Aufsätzen. Auf dem obersten sitzen wir am liebsten, weil die Sonne da hinscheint und weil's so schön hoch ist. Im übrigen sind wir so gütig, auf der edlen Politur keine Kratzer zu hinterlassen. Bis jetzt wenigstens und obwohl …

Auf mein Nachhaken, was das Schlimmste und was das Beste sei, das ihr Mensch ihnen antun könne, wußten die beiden trefflich zu formulieren: Das Schlimmste, na klar, uns mit dem obszönen Wort *nein* zu traktieren, wenn wir so wichtige Dinge vorhaben wie in die Badewanne zu klettern, vom Menschenessen zu naschen oder an der Flurtür zu lauern, ob da nicht endlich ein Weg hinaus … Dieses *Nein* klingt ätzend in unseren eleganten Drei-

ecksohren. Und das Beste, auch selbstverständlich:
Die Alte soll daheimbleiben und uns alle, wirklich
alle unsere bescheidenen Wünsche absolut und
strikt und sogleich erfüllen.

Interessant auch die Reaktion auf die Frage nach
Träumen: Von nächtlichen Roll-ins mit anderen
Katzen – und auch ansonsten naschen, naschen,
naschen. Manchmal vielleicht von einem Ausflug
ins Grüne? Einem Mauseloch (bis jetzt spitzeln wir
vor dem Abfluß der Badewanne)? Vom Schmetter-
lingsbaum? Und davon, in den Büchern, die wir mit
Vergnügen aus dem Regal werfen, endlich zu lesen? Wer weiß?

Mehr als hundert Prozent aller befragten Katzen
scheinen sich wie Gaunerle und Pfötchen ihren
Menschen verständlich zu machen, nämlich den
Kopf reiben, um Beine streichen und Miau, Mio,
Miu, geschickt moduliert, die Tonleiter rauf und
runter, in verschiedenen Oktaven, lang und kurz,
eine Callas sein, auf vier Pfoten, ha! Eine Diva eben.
Und dann natürlich Donnerschnurren wie die Kir-
chenorgeln. Und wenn das alles nichts hilft, hat
man schließlich noch scharfe Zähnchen und dito
Krallen, die den Wünschen Nachdruck geben …

Ich wollte ihre größten Hoffnungen kennenlernen.
Hier ihre Antwort unter vielen ähnlichen: Daß die
Unsrige, daß sie's wirklich kapiert, die Alte: *We are
the champions!*

Wollte wissen, welche Vorzüge der Katze vom Menschen verkannt werden - interessanterweise fühlte sich kaum eine mißbeachtet, oder wie man sagt: Keinen einen verkennt sie, so wieder Gaunerle und Pfötchen wie aus einem Halse, denn unsere Vorzüge liegen unschlagbar auf der Pfote: Wir sind selbständig und schön, sind liebenswürdig, schmusig, verspielt, sind charmant und verfressen und, nach unserem Verständnis, brav - wer sollte je so unschätzbar gute Eigenschaften verkennen? Der müßte ja blöder als blöd sein.

Zum Thema, was sie ändern würden, wenn sie endlich ganz das Sagen hätten, meinten Gaunerle und

Pfötchen: Was ändern? Wir haben ja bereits das Sagen. Vielleicht noch eine Minizutat: Wenn uns doch das Bett mehr gehören würde, das bequeme Plumeau, die komfortable Matratze. Aber neien! Am Rande oder bei den Fußsohlen nur dürfen wir liegen in der Nacht. Hier ist noch viel Überzeugungsarbeit nötig. Klar schaffen wir's, denn merke: Auskunft gibt zur Not Punkt Verständlichmachen oben, Abteilung Attacke mit Klauen und Zähnen.

Schließlich galt es herauszufinden, was man am Menschen anerkennen könne, was dagegen man tadeln müsse an ihm. Gaunerle und Pfötchen wieder, weil typisch für alle anderen Befragten: Unsere

Menschin, das loben wir, tut genau das, was wir wollen. Und, das kritisieren wir, sie tut davon nicht genug.

Genug nun auch mit meiner Umfrage. Ich hatte noch kulinarische Vorlieben herauszubekommen versucht. Jedoch mußte ich bei der Auswertung feststellen: Jede Katze hat durchaus eigene Vorlieben, da war nichts kompatibel. Immerhin ist dieses Ergebnis auch repräsentativ!

Weiterhin hatte ich wissen wollen, ob einem irgend etwas peinlich sei, ob man heimlichen Leidenschaften fröne, um ein Lebensmotto hatte ich gebeten – freilich waren die Antworten, ohnerachtet allen Datenschutzes, von den jeweils bei den Katzen lebenden Menschen offensichtlich verpfuscht, wenn nicht vorsätzlich verfälscht worden. Mein Motto bin ich selbst, hätte ich gedacht. So wär' meins jedenfalls. Und so lassen wir's dabei.

Als verantwortungsbewußte Autorin beabsichtigte ich, diesen Dingen nachzugehen, wollte nachrecherchieren, Interviews mit einigen Zweibeinern führen, ich danke Ihnen für Ihr Geschnurr und so, und wollte gleichzeitig (und heimlich, wie ich gestehen muß) die Katzenbildung dieser Menschen testen, wenn nicht überprüfen, wollte wissen, ob sie vom Geheimnis ihrer Katzenherrschaften etwas ahnten, ob sie die Katzensprache verstünden, sich gar unterdrückt fühlten und so fort, ich fragte

nach Blocksbergfahrten, Prinz- und Prinzessinnen-
dasein, scheute selbst vor intimeren Themen nicht
zurück, ich plante zu diesem Behufe, mich mit der
Hausmamsell von Gaunerle und Pfötchen, mit Marianne B. nämlich, zu verabreden – aber ach, wie
schnöde wies man mir die Tür, schalt mich der Hinterlist, pfuimiau über dich, meinten die beiden:
Wer wird denn beim Personal Ausspäh halten, wenn
man uns höchstselbst fragen kann? Alles, was du an
Kätzischem wissen mußt, sagen wir dir, kapiert?
In Anlehnung an das weise Wort, das unser Philosoph Cato (nicht zu verwechseln mit eurem ollen
Römer) überliefert hat: *A dog is a dog! A bird is a
bird! And a cat is a person!* würden wir mit steif-
gezogenem Schnurrhaar sagen:… und ein Mensch
ist ein Mensch! Doch so weit wollen wir's denn
doch nicht treiben, eingedenk von Futter, Schmu-
seeinheiten, neuer Katzenstreu und Ertragen all
unserer charaktervollen Eigenheiten.
Nun zurück zur Umfrage: Klaromiau ist die Alte unterdrückt, siehe oben, Stichwort Tapeten, Gardinen
– auch machten wir mittlerweile in Sachen beque-
mes Bett mächtig Fortschritte. Wir respektieren allerdings, daß sie dies alles mit Nachsicht belächelt
und sich gar nicht unterdrückt *fühlt*. Die Frage danach, wie und ob sie sich wehrt, ist somit obsolet.
Das unanständige Wörtlein *nein* vermögen wir in-
zwischen auszuhalten, ja sogar richtig zu deuten:

War nicht so gemeint, so übersetzen wir's aus dem Mensch ins Miez.

Katzensprache beherrscht sie recht gut, doch in verständlicher Form nur, weil wir Tonübersetzer sind. Du erkennst das an unserer genialen Interpretation des *Nein!* Wir hegen lediglich einige Zweifel, ob sie je einigermaßen vernünftig oder auch nur halbwegs akzeptabel zu schnurren lernt. Bei Fragen nach zwischengeschlechtlichen Vorkommnissen müssen wir unsere keuschen Ohren aber verstopfen, denn wir sind noch minderjährig, wenn auch gerade in der Pubertät. Wir betreiben *cat-petting*, die softe Version, doch den Rest können wir jetzt und künftig vergessen. Neulich, als wir beim Tierarzt zum Impfen waren, haben wir schon gehört, was er mit uns vorhat. Wir werden's überstehen. Aber kein Wort mehr von Sex oder was, ob nun laut oder leise.

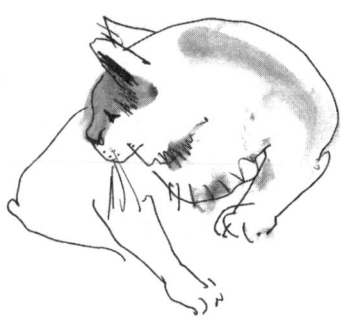

Und drei Ausrufezeichen prangten an dieser Stelle. Nach Redaktionsschluß ereilte uns freilich die Nachricht, daß Gaunerle und Pfötchen es heimlich getrieben … Und grüßen nun doch als stolze Eltern. Menschen haben keine Ahnung. Das ist ja das.

Als wenn es noch eines weiteren Beweises bedurft hätte: Katzen herrschen! Freilich nicht nur in ihren privaten Haushalten, durchaus nicht. Ich kenne nämlich einige wirklich regierende Katzen, wie es sich gehört auf diesem Planeten.
Fangen wir ruhig mal klein an. Doris Köpf, Schröders Neue, so schrieb jedenfalls irgendeine Super-Illu, also des Niedersächsischen Ministerpräsidenten jüngst angetraute Gattin, brachte in die gemeinsame Wohnung ein Katzenklo mit. Ich vermute mal, daß man daraus schließen darf: Zum Haushaltsvorstand derer Schröder-Köpfs oder Köpf-Schröders gehört eine Katze. Anders vermag man das Möbel wohl nicht zu interpretieren, unter gesitteten Leuten.
Aber ob Gerhard je seine Macht mit irgend jemandem wird teilen wollen, teilen können? Man darf gespannt sein. Vorstellbar auch, daß die Katze ihn auf den Pfad politischer Tugenden bringt – obwohl: Katzen und Politik, das geht eigentlich nicht zusammen.
Der Ausgewogenheit halber müssen wir Miezi er-

wähnen, des Bundeskatzlers Liebling, welcher freilich schon vor Jahren das Zeitliche segnete. Seither
hört man nichts mehr von Katzengetier im Bonner
Kohl-Bungalow, obgleich immer wieder Fotos von
Helmut & Hannelore durch die Presse geistern, die
eindeutig wechselnde Katzen auf den Armen der
beiden, vornehmlich in St. Gilgen am Wolfgangsee,
zeigen. Darf man sich womöglich vorstellen, daß
die Kohls schlicht das Katzbuckeln lieben, als solches, an sich, gewissermaßen?
Von den grünen Politikern weiß man ohnehin, daß
jeder sich einer Katze zugehörig fühlt, zumindest
von häufig wechselnden Katzenbeziehungen lesen wir in den einschlägigen Zeitungen. Aber lassen wir das.

Ein anderes Kaliber haben wir in Socks vor uns,
dem mächtigsten Kater der Welt und Herr im
Weißen Haus. Da bist du wirklich von den Socken,

wen der alles kennt, empfängt, bewirtet, beflirtet, wer hat sie gezählt. Ein Star!

Bastian, Florian, Floh and the pretty Grisella aus Seelen-Seelbach haben gemeinsam mit ihrem Butler an Socks geschrieben und ihre Bewunderung, auch ihr Mitleid ausgedrückt – immer so vor den Linsen der Paparazzi … Aber Socks war wohl zu beschäftigt, um selbst zu antworten, er ließ Bill Clinton schreiben: *Thank you for your kind words, and so on.*

Überhaupt gab es wieder mal Ärger um die Fan-Post für die präsidiale Katze – einen Abgrund von Verschwendung nannte der republikanische Abgeordnete Dan Burton die Poststelle im Weißen Haus, die sich um die Socks-Post kümmert. Er forderte, die Steuermittel für das Socks-Sekretariat ersatzlos aus dem Budget zu streichen. Tatsächlich kamen schon über hunderttausend Briefe aus aller Welt an »Socks Clinton in Washington«. Und jeder bekam Antwort mit – stilgerecht – dem Abdruck der rechten Vorderpfote als Unterschrift (Socks ist im Gegensatz zu Bill Rechtspföter).

Mittlerweile wird Socks' Büro von den Bewohnern des Altersheims für alleinstehende Militärpensionäre betrieben: lauter alte Seebären, die diesen Dienst freiwillig und völlig kostenlos ausüben und sich alljährlich auf den Besuch von Hillary freuen dürfen.

Selbst der Abgeordnete Burton ist einsichtig geworden: Er will seine eigene Katze eine Entschuldigung an Socks schreiben lassen. Ist ja wohl das mindeste. So kleinlich sein beim wichtigsten Kater der Welt ...

Seit Dezember 1997 übrigens hat Socks einen drei Monate alten Labrador als Gefährten. Der Hund, meinen Bill und Hillary, soll erst ein paar Benimmregeln lernen. Socks findet das überflüssig – er will selbst für die Erziehung sorgen. Wer das sicher unvermeidliche Hundesekretariat übernimmt, ist noch nicht entschieden. Wie man hört, wird es eine Ausschreibung geben.

Daß Socks geknurrt habe, der verdammte Köter – und ausgerechnet noch 'n Chocolate Lab – werde ihm die ganze Show stehlen, ist eine böswillige Verleumdung. Katzen lästern nicht in dieser Weise. Zu allem Überfluß heißt der Fratz denn auch Buddy (was so viel wie Kumpel bedeutet) und fliegt in der Air Force One wer weiß wohin …

Und dann ist da noch Humphrey, elf Jahre alt, Herr und Meister der Nr. 10, Downing Street zu London. Hump, so sein Kosename, hatte schon nach sechs Monaten die Nase voll von einem Leben bei Labours mit Premier Tony and his wife Cherie Blair. So jedenfalls sieht es die Opposition. Nun zog Hump aufs Land. Wir hatten ihn alle liebgewonnen, heißt es in einer Erklärung des Cabinett Office, aber wir haben eingesehen, daß eine neue Umgebung fern vom Getriebe Londons besser für ihn sein wird.

Wer diplomatische Verlautbarungen zu lesen versteht, wird das keine Sekunde glauben. Wie man munkelt, hatte der First Cat Gesundheit im Dienste gelitten, Nierenbeschwerden soll ein Arzt festgestellt haben. Alles Gerüchte. In Wahrheit hat Cherie ihn vergrault. Wer kennt es nicht, das Bild, die Dame mit Hump auf dem Arm, und wie sie da verkrampft in die Linse grinst. Und dann ihre Allergie. Schlimm, schlimm.

Erhobenen Hauptes ist Humphrey gegangen, nahm Korb, Katzenklo und seine liebste Spielmaus mit. Er wird, sagte er, nur sein Lieblingsplätzchen vermissen – jenes über einem Schacht, der die heiße Luft aus dem Büro des Premierministers ableitet. Aus und vorbei.

Nur seine Memoiren wird Humphrey noch schreiben. Wir dürfen gespannt sein. Denn seit er Ende der Achtziger die Downing Street zum Wohnsitz erkor, kann er Weltpolitik aus dem Körbchen plaudern wie keiner – von seiner Lebensmittelkrise neben der Eisernen Lady Thatcher, von der schönen Zeit mit John Major und seiner Frau Norma, die ihn mit Streicheleinheiten und Katzengebäck verwöhnte.

Manches hatte die jeweilige Opposition ihm anhängen wollen, wie Gerd Kätzcke von der Süddeutschen Katzenzeitung zu berichten weiß. An einem Entenküken der Königin herself soll er sich vergriffen haben, nachts, im St. James's Park.

Er soll auch ein ziemlicher Streuner gewesen sein, verlautbart ein Regierungssprecher. Ungeklärte Aufenthalte im Bett der Tourismusexpertin Hanni Velden samt deren Katze Mausi, vier ganze Tage und Nächte, sprechen da Bände.

Und einmal wäre er fast mit Präsident Clinton (der

mit dem Socks tanzt) aneinandergeraten. Doch konnte er dem Cadillac gerade noch ausweichen. Und dann, als er der heiligen Lady Di selig an die Beine ging, und nicht mal Fotos schoß man davon

– ha'm alle geschlafen – das ist ja das! Mit einem Wort: Humphreys Memoiren lassen einen spannenden, einen Weltbestseller erwarten.

Das war's, dachten wir – doch dann ging's erst richtig los. Wir folgen der Süddeutschen Katzenzeitung:

Es gibt Neues vom Kater Humphrey, aber leider

nichts Gutes. Unterhausabgeordnete machen sich ernsthafte Sorgen um den früheren Hauskater von Downing Street Nr. 10. Er sei, so geht das Gerücht, keineswegs wie ursprünglich gemeldet aufs Land gezogen. Alan Clark, Abgeordneter für Kensington und Chelsea, hat öffentlich den Verdacht geäußert, daß Cherie Blair, Hausfrau in Number Ten, Humphrey habe beseitigen lassen. Er muß als vermißte Person angesehen werden, fürchtet Clark. Wenn ich nicht direkt von ihm höre oder wenn er nicht öffentlich in Erscheinung tritt, gehe ich davon aus, daß er auf der Flucht erschossen worden ist.

Clark, einer der reichsten Tory-Abgeordneten, gilt unter seinen Freunden als Exzentriker, der zu politischen und amourösen Abenteuern neigt. Seine Tagebücher sind Bestseller. Andererseits ist er Vegetarier und Tierfreund. Clark ist überzeugt, daß die Berichte über Humphreys Nierenleiden als Verschleierungsversuche der Whitehall-Bürokratie gewertet werden müssen. Vielmehr habe Humphrey wegen Cherie Blairs Katzenallergie verschwinden müssen, auf welche Art auch immer.

Im Jahr zuvor, als Norma und John Major in Number Ten wohnten, war Humphreys Bild noch als offizielle Weihnachtskarte des Cabinett Office verschickt worden.

Zwei Wochen nach dem rätselhaften Verschwinden des Katers von Downing Street hat die briti-

sche Regierung die Initiative ergriffen und die
Gerüchte über sein Schicksal beendet. Unter politischen Journalisten hatte sich zunehmend Unru-
he breitgemacht. Sie weigerten sich, die Mitteilun-
gen in den Pressekonferenzen ernst zu nehmen,
solange Regierungssprecher mit Ausflüchten über
Humphreys Befinden reagierten. Der Versicherung,
der Hauskater, der drei Premierministern gedient
beziehungsweise diese selbst regiert hatte, Humphrey also sei zufrieden mit seinem neuen, stillen
Domizil am Stadtrand. Dieser Auskunft begegne-
ten Zyniker mit der Frage, ob es sich dabei um einen Friedhof handle.

Erstens: Die Blairs mögen Katzen, erklärte ein ge-
reizter Regierungssprecher, und zweitens: Jede An-
deutung, daß Cherie Blair ihn los sein wollte, ist eine bösartige Verleumdung. Unter konspirativen
Vorkehrungen wurden ein TV-Team und ein Foto-
graf zu Humphrey geführt. Der Lichtbildner Sean
Dempsey beteuerte: Ich habe Hump oft fotogra-
fiert und bin überzeugt, daß dieser Kater der echte Humphrey ist. Er hat mich wie einen alten
Freund begrüßt.

Regierungsagenten bestanden darauf, daß Dempsey auch ein Bild mit Humphrey und aktuellen Zeitungen schoß. Der Kater wurde in den Spätnach-
richten gezeigt, die Zeitungen widmeten ihm Leit-
artikel.

Die Regierung hält an ihrer Version fest, daß ein Leben außerhalb Londons zu Humphreys Bestem sei. Sogar Cherie Blair erklärte ihre Genugtuung darüber, daß er sich in seiner neuen Umgebung eingelebt habe.

Im britischen Oberhaus hat Lord Lloyd-Webber, der *Cats*-Verherrlicher, angefragt, was die Regierung zu tun gedenke, um sicherzustellen, daß wieder eine Katze angeschafft werde, damit die Geschäfte der Nation, so der Lord wörtlich, ordnungsgemäß geführt werden können.

Angesichts der zunehmenden Kritik in der Bevölkerung ist nun daran gedacht, einen Ersatz zu suchen. Bildzuschriften, so heißt es in Downing Street, seien jedoch nicht erwünscht.

Da sieht man's mal wieder: Katzen machen Weltgeschichte, zumindest britische! *And Britain rules the waves.*

Durch mein Lorgnon

UNGESTRIEGELTE

SCHLUSSGEDANKEN

E ine Katze müßte *Du* heißen, weil es das Wort ist, das jede Katze am häufigsten hört, wenn man mit ihr spricht, hat Patricia High-smith geschrieben – *okay, Lady, you can say you to me*. Klingt trotzdem arg nach heiler Welt, nach Einfühlung in den anderen, nach gleich zu gleich, nach Partnerschaft eben. Doch in Wirklichkeit sind wir unverstanden, ehrlich wahr.

Ein jäher Tatzenhieb, heißt es, sei Beweis unserer Hinterlist. Das Fauchen des Nachts Ausdruck unvorstellbarer Ausschweifungen. Und die Melodie »Spiel mir das Lied vom Mausetod« weise auf unsere archaische Grausamkeit hin. Schließlich seien wir gar bösartig, wenn wir mal die Oberlippe hochziehen und ein paar spitzige Zähnchen zeigen. Ich sprach das ja schon an.

Alles Klischees, kann ich nur wieder feststellen. Denn niemals schlagen wir ohne Vorwarnung zu, soviel Zeit muß sein, und dann würde das gute Gründe brauchen. Also erst mal eigene Nase, Mensch. Über Nächtliches habe ich mich bereits verbreitet, nein, nein, wir lieben gern leise und wir

118

lieben es leise, heimlich und still, und auch bei den Mäusen verkennt man uns. Werden überdies immer seltener in den Städten, weil der Mensch sie uns wegfängt, der Schuft. Mit 'ner Falle. Auch nicht gerade fein, oder?

Erst recht eine falsche Vorstellung macht man sich beim Zähnezeigen – sind wir denn Hunde? Dem Kenner erweist es sich als ein Aufnehmen intensivster Gerüche, anstrengend ist es, wenn du begierig … Aber daß man das so mißversteht. Kann bloß bei Menschen passieren, denn die einzigen Wesen auf unserem Planeten, die Vorurteile kennen, sind eben die. Was heißt da kennen – haben!

Übers Riechen ein Wort. Was kein Mensch ahnt: Der Geruch macht für uns die Bedeutung der Welt, ohne Geruch ist nichts. Der entsprechende Sinn funktioniert natürlich gesellschaftlich, das Wiedererkennen und so weiter, genau wie beim Zweibeiner, ohne daß der das ahnt. Aber auch jeder Gegenstand verbreitet sein spezielles Aroma (und das Gemisch all dieser Wahrnehmungen ist das Zuhause). Ja, wir können Gerüche sogar schmecken, über ein eigenes Organ verfügen wir, das Jacobsonsche, im Gaumen, das bei anderen so verkümmerte. Doch nicht genug: Wir riechen sogar mit den Augen, nutzen den letzten Rest Licht mit den Schnurrhaaren, ein Luftstromradar, oder wie soll ich das ins Menschische übersetzen. Jawohl, wir sehen selbst mit den Haaren. Das glaubt ihr nicht? So ist es aber!

Wir und falsch? Daß ich nicht kichere. Wir sind lediglich sachlich, meistens, mit uns selbst im reinen, ohne dieses verdrehte Sentiment. Und schnell natürlich. Denn frei mußt du sein, deiner selbst gewiß, unbefehligt, ungebeugt, nur so bist du du selbst. Wäre ich ein Philosoph, könnte ich mich besser darüber auslassen und sicher vieles über das Leben im allgemeinen daraus folgern. So aber bleibt mir nur die Frage, welcher Mensch wohl all das bezweifeln wollte.

Einer wie Platon immerhin wies der Katze beim Heraufkommen des Goldenen Zeitalters den schönsten Platz zu - noch über dem Menschen. Und das im Leben, keinesfalls bloß in irgendeinem Mausoleum, wie feudal ein solches Ding auch sein könnte. Und ein anderer wichtiger europäischer Denker, der malende Manfred Deix aus Wien, meinte: Selbst die dümmste Katze sei immer noch eleganter, gewiefter und schlauer als so 'n Durchschnittsmensch - der mit seinen siebzig Katzenherrschaften müßte es wissen.

Wenn ich mir die Welt also durch meine eigene Brille - dabei fällt mir ein: Katzen tragen gewissermaßen ein Lorgnon, hat mal einer gesagt, weiß nicht mehr wer, egal - wenn ich mir also, will ich

in diesem endlosen Satz zum Ausdruck bringen, die
Welt betrachte, so fällt zuallererst auf, daß der sogenannte gesunde Menschenverstand reichlich an-
gekränkelt ist.

Das Leben ist doch bloß ein Spiel! Freilich stellt
der Mensch als erste Spielregel gleich mal auf, daß
es sich im Leben nur um todernste Dinge handle.
Sei also vorsichtig, allzu deutlich heraushängen zu
lassen, wie wenig du dich darum bekümmerst.
Denn der Mensch ist ein sonderbares Wesen. Er
ahnt nicht, daß er sein Leben als glückliches Spiel
verstehen könnte, und also ist er unglücklich.

Vielleicht hängt das doch
mit etwas zusammen, das der
Mensch selbst Schuld nennt
und das ich euch auch nicht genauer erklären kann. Ich weiß nur,
daß ich euch heiteren Leuten ein
Thema nicht ersparen kann, tut
mir leid. Ja, ich rede vom
Leid, muß leider
sein.

Da schiebt man Katzen in Tierheime ab und fährt selbst in den Urlaub – und nachher dann vergißt man uns da einfach, stellt euch mal vor. Katzen werden rumgeschubst, vergiftet, ersäuft, erschlagen oder weggeworfen als Frischgeborene, stellt euch mal vor, und von Jägern angeschossen, die auf alles losballern. Katzen werden zwangsbeatmet mit Zigarrenrauch, stellt euch das ruhig vor, ätzende Stoffe in Augen und auf freirasierte Hautpartien. Operationskünsten probehalber ausgesetzt, im kalten blauen Licht, angeschnallt auf einer kleinen Pritsche, ja, stellt euch das vor, die aufgebrochene Gehirnschale und die Elektroden im Kopf, noch nicht genug, zu Hunderttausenden einfach ausgesetzt, womöglich, stellt euch das vor, als Kaninchenbraten ausgegeben, verzehrt – das glaubt ihr nicht? Über ein hungerndes Dorf in Sachalin hieß es jüngst im Fernsehen: Die Hunde der Bauern sind aufgegessen, jetzt kommen die Katzen dran ...

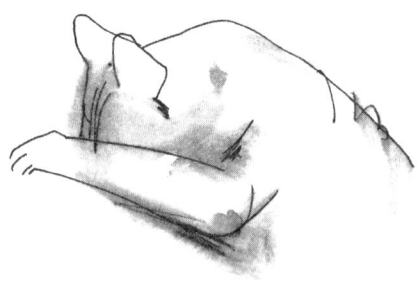

122

Nein, nein, nach solchen Menschen verzehren wir uns nicht.

Was regen wir uns da gelegentlich auf über den kleinen, verweigerten Komfort, ach Gottchen, daß einer unsere Krallen beschneidet, uns badet und pudert, pfui Teufel, oder den Klokasten nicht ordentlich reinigt. Schlimm genug.

Schon die Grundregel des seelischen Zusammenlebens kennen die wenigsten Menschen, die da lautet: einander nicht stören. So etwas muß man einhalten, besser als Friedensverträge. Gewiß, da gibt es die Liebe, klar, nichts daran zu deuteln, aber soll man das einander in jeder Sekunde aufs neue beteuern? Machte doch eher mißtrauisch, oder?

Was nenne ich denn Liebe? Das Essen freiwillig dem anderen überlassen. Nicht fliehen bei Gefahr, sondern das durchstehen mit dem anderen. Den Floh im Fell des anderen suchen, obwohl das eigene Fell noch juckt. Die Tatzen des anderen lecken, ihn überhaupt reinigen und pflegen, und das eigene Fell ist noch nicht völlig sauber. Als Ranghöherer dem anderen den Schlafplatz überlassen. Beim Jagdspiel auf den Sieg verzichten, obgleich man der Stärkere ist und alle Trümpfe in den Krallen hält. Und um einen Toten so sehr trauern, daß kein Krümelchen mehr schmecken will. Jawohl, das alles nenne ich Liebe.

Statt dessen verstellt sich der Mensch sein Leben durch allerlei Strategien und Taktiken, ähnlich wie er's bei seiner Liebe treibt: Ich laß mich auf dich ein, aber nur ein bißchen, und möglichst ohne Anstrengungen, und wo bleibe ich, ohne Arbeit und schon gleich gar ohne Therapeuten oder dergleichen. Und jeder schleppt alles mögliche mit sich herum. Wer dagegen Katzen wirklich liebt, hat seinen Therapeuten schon im Haus, jaha!

Dabei mußt du dich immer neu öffnen, ganz da sein, ganz du sein, das ist eben das. Zwischen gescheit und gescheitert ist es ja nur ein paar Buchstaben weit.

Klar, es gibt Höhen und Tiefen, wer wüßte das besser. Aber arbeiten wir uns da raus. Katzeneinfach! Denn das Drama des normalen Menschen ist: Er begreift sich nicht, er begreift uns nicht, er begreift nichts. Das alles ist hier natürlich unterstes Niveau, aber ich hab's ja gesagt: Ich bin keine Philosophin. Gewiß, die Beziehung zum Menschen ist, jedenfalls nach der Meinung eines wilden Spötters, gegenseitige Freiheitsberaubung in beiderseitigem Einvernehmen. Doch die Kiste enthält, macht man sie auf, nicht nur Springteufel, sondern durchaus mal ein Happy-End. Ich rede von Katzen!

Es ist wie bei jeder normalen oder auch wilderen Ehe. Und wie mit dem Gesinde halt. Nicht gerade einfach, glücklich zu sein. Aber das ist sehr wohl im

Plan der Schöpfung vorgesehen. Doch, doch, Sigmund Katz! Dieses Gemisch aus Wohl und Wehe macht die Sache natürlich spannend, ist Nährboden für mannigfaltige Gefühle. Ich rede immer noch von Katzen. Und das zum Thema Metaphysik der Katzen- beziehungsweise der Menschenliebe.

So gesehen ist dieses Büchlein ein Anstoß für eine neue, eine emanzipatorische Katzenbewegung (Kater inbegriffen, versteht sich).

Nur keine Verdrängungsarrangements! Lieber Erziehung zur Freiheit, individuelle Erziehung *in* der Bindung, jaha! Und bei wem lernt man das? Richtig!

Das sind doch wirklich die Grundsehnsüchte. Höchst aktuell also, meine Dam- und Herrschaften. Denn merke: Starke Umklammerung erstickt die Liebe, die Macht einer Bindung führt zu erbitterten Auseinandersetzungen, auch um Treue. Aber die angeblich ganz freie Liebe verleitet leicht zur Bindungslosigkeit – der eine des anderen Appetithäppchen, nein danke, da kriegt der Mensch Schuldgefühle, und dann sind wir da wieder angekommen, wo ich euch all das Leid andeuten mußte, das Menschen uns antun. Ich rede nämlich die ganze Zeit und immer nur von Katzen. Klar?

Wenden wir uns lieber gleich den praktischen Dingen zu. Ich denke da an das Seniorenheim Lücklemberg, um dessen, sagt man Insassen?, sich Katzen kümmern. Dabei stellte sich rasch heraus, daß die Alten durch uns aus ihrer Teilnahmslosigkeit gerissen wurden, ja sie fanden ihre Sprache wieder, die sie im grauen Alltag verloren hatten, und erholten sich von ihrer emotionalen Erschöpfung.

In Amerika erfanden sie den Beruf des Katzenpsychiaters, es sind gottlob deren einige Hundert

nur, schlimm genug, während jede Katze automatisch ein Menschenpsychiater ist. Hättet ihr nicht gedacht? Doch? Dann ist's ja gut.

Kein Wunder nämlich, denn der Verstand ist Katzen und Menschen gemeinsam, so fand jedenfalls Kater Hobbes heraus. Und Kater Hume wies nach, daß die Katze mit der Gabe des Denkens und der Vernunft bedacht ist. Bedacht ist!

Klar, denn der Mensch ist in dem Maße zivilisiert, wie er uns versteht (das Wort nun wieder stammt von George Bernard Katz).

In jedem Fall: Wer uns liebt, zeichnet sich auch durch seine Menschenliebe aus (gleichfalls nicht von mir, aber wahr)!

Menschen, so will es scheinen, sind irgendwie die Ornamente des Daseins, nicht wirklich wichtig, aber nett.

Selbst wenn ich gehe, wähnt man, ich tanze, sang einst Baudelaires Katze. Doch das Leben *ist* ein Tanz! Soviel Spaß muß sein.

Und das nun sei das Geheimnis der Katzen? Bitte, bitte, man glaube doch nicht, daß ich hier solche Geheimnisse ausplaudere. Nur so viel: Die Welt, wie wir sie erleben – das geht ja aus dem ganzen Buch hervor –, ist ungefähr so, wie Menschen sich das Glück vorstellen. Das ist eben das.

Illustrationen von
Angela Hopf
Mitarbeit am Text von Felizitas Schnurre
Andreas Hopf

Der Mosaik Verlag ist ein Unternehmen
der Verlagsgruppe Bertelsmann

© 1998 Mosaik Verlag GmbH, München / 5 4 3 2 1
Umschlaggestaltung: Design Team München
Satz: Filmsatz Schröter GmbH, München
Druck und Bindung: Clausen & Bosse, Leck
Printed in Germany
ISBN 3-576-11157-3

Die Welt, wie wir sie
so, wie Menschen sich